# HISTOIRE DE MON TEMPS.

## CHAPITRE VII.

*Événemens des années 1743 & 1744, & tout ce qui précéda la guerre des Prussiens.*

ON dit que c'est une faute capitale en politique de se fier à un ennemi réconcilié, & l'on a raison ; mais c'en est une plus grande encore à une puissance foible de lutter à la longue contre une monarchie puissante, qui a des ressources, dont la première manque. Cette réflexion étoit nécessaire pour répondre d'avance aux critiques qui censuroient la conduite du roi. Falloit-il, disoit-on, se mettre à la tête d'une ligue pour écraser la nouvelle maison d'Autriche, & laisser ensuite reprendre le dessus à cette même maison, pour chasser les François & les Bavarois de l'Allemagne ? Mais quel étoit le projet du roi ? N'étoit-ce pas de conquérir la Silésie ? Comment pouvoit-il l'exécuter, si la guerre avoit continué, n'ayant pas aſſez de reſſources pour fournir aux grandes dépenſes qu'elle entraînoit de néceſſité ? Tout ce qui dépendoit de lui, c'étoit d'agir par des négociations, &, autant que cela étoit faiſable, de conſerver l'équilibre entre les puiſſances belligérantes. La paix lui donnoit le temps de reſpirer & de ſe préparer à la guerre ; d'ailleurs l'animoſité étoit ſi forte entre la France & l'Autriche, & leurs intérêts étoient ſi oppoſés, que la réconciliation entre ces puiſſances ennemies paroiſſoit encore bien éloignée ; il falloit ſe réſerver pour les grandes occaſions. Les mauvais ſuccès des armées Françoiſes avoient fait une aſſez forte impreſſion ſur l'eſprit du cardinal de Fleury, pour que ſa ſanté s'en reſſentit ; une maladie l'emporta au commencement de cette année. Il avoit été ancien évêque de Fréjus, précepteur de Louis XV, cardinal de l'Égliſe Romaine, & depuis 17 ans premier miniſtre. Il s'étoit ſoutenu dans ce poſte, où peu de miniſtres vieilliſſent, par l'art de captiver la confiance de ſon maître, & en écartant avec ſoin de la cour, ceux dont le génie pouvoit lui donner de l'ombrage. Il adoucit les plaies que la guerre de ſucceſſion & le ſyſtême de Law avoient faites à la France. Son économie fut auſſi utile au royaume que l'acquiſition de la Lorraine lui fut glorieuſe. S'il négligea le militaire & la marine, c'eſt qu'il

# OEUVRES POSTHUMES

## DE

# FRÉDERIC II,

### ROI DE PRUSSE.

*Sixième Édition.*

---

## HISTOIRE

## DE MON TEMPS,

Ou des événemens depuis 1740, jusqu'à la
Paix de Dresde en 1745.

---

TOME II.

*A POSTDAM,*

AUX DÉPENS DES ASSOCIÉS.

---

1805.

# ŒUVRES
## POSTHUMES
### DE
# *FRÉDERIC II.*

TOME II.

vouloit tout devoir à la négociation , pour laquelle il avoit du talent. Son esprit fuccomba ainfi que fon corps fous le poids des années. On dit trop de bien de lui pendant fa vie , on le blâma trop après fa mort. Ce n'étoit point l'ame altière de Richelieu, ni l'efprit artificieux de Mazarin ; c'étoient des lions qui déchiroient des brebis. Fleury étoit un pafteur fage , qui veilloit à la confervation de fon troupeau. Louis XV voulut élever à la mémoire de ce cardinal un monument , dont on fit un deffin qui ne fut jamais exécuté : à peine fut-il mort , qu'on l'oublia. Chauvelin , que le cardinal de Fleury avoit fait exiler , crut du fond de fon exil pouvoir emporter ce pofte vacant ; il écrivit à Louis XV , blâmant l'adminiftration de fon ennemi, & fe vantant beaucoup lui-même. Cette démarche précipitée , fit qu'on lui marqua pour fon exil un lieu plus éloigné de la cour que Bourges , où il étoit relégué. Le roi de France notifia la mort de fon miniftre aux cours étrangères , à-peu-près dans le ftyle d'un prince qui annonce fon avénement à la couronne. Voici la lettre qu'il écrivit au roi ; nous l'avons copiée mot pour mot. " Monfieur mon frère , après la perte
" que je viens de faire du cardinal de Fleury,
" en qui j'avois mis toute ma confiance dans
" l'adminiftration de mes affaires , & dont je

» ne puis affez regretter la fageffe & les lu-
» mières , je ne veux pas différer de renou-
» veller moi-même à votre majefté les affu-
» rances qu'il vous a données en mon nom ,
» & que je l'ai fouvent chargé de vous réité-
» rer, de l'amitié parfaite que j'ai pour la per-
» fonne de votre majefté , & du défir fincère
» que j'ai toujours eu de pouvoir concerter
» avec elle tout ce qui peut être de nos inté-
» rêts communs. Je ne puis douter que votre
» majefté n'y réponde de fa part comme je le
» puis défirer , & elle peut compter qu'elle
» trouvera en moi dans toutes les occafions,
» la même difpofition de contribuer à fa gloire
» & à fon avantage , & à lui marquer que je
» fuis, &c.

Le département des affaires étrangères notifia en même temps, que le roi ayant réfolu de
gouverner déformais par lui-même , vouloit
qu'on s'adrefsât directement à lui. Jufqu'alors
Louis XV avoit été le pupille, & le cardinal
de Fleury fon tuteur. Après la mort de Mazarin , Louis XIV porta lui-même le deuil de
fon miniftre ; perfonne ne le porta pour Fleury ;
il fut oublié avant qu'on eût prononcé fon oraifon funèbre. Pendant l'adminiftration de ce
cardinal , les différentes rênes du gouvernement aboutiffoient toutes à lui , & venoient
toutes fe joindre dans fes mains : il étoit le

point de ralliement, qui réuniffant les finances, la guerre, la marine & la politique, les dirigeoit au moins à un même but. Depuis fa mort, le roi voulut travailler lui-même avec les miniftres qui étoient à la tête de ces quatre départemens. Son ardeur s'éteignit au bout de huit jours, & la France fut gouvernée par quatre rois fubalternes, indépendans les uns des autres. Ce gouvernement mixte produifit des détails de département ; mais les vues générales qui réuniffent & embraffent en grand le bien de l'état & fon intérêt, manquèrent dans les confeils. Pour fe faire une idée du choix des miniftres, qu'on fe repréfente un chancelier du duc d'Orléans, rempli de Cujas & de Barthole, qui devient miniftre de la guerre dans ces temps où toute l'Europe étoit en feu ; & un ancien capitaine de dragons, nommé Ori, qu'on met à la tête des finances. Maurepas s'imaginoit rendre Louis XV fouverain des mers, & le roi le feroit devenu, fi les difcours d'un homme aimable avoient pu opérer ce miracle. Amelot étoit de ces efprits rétrécis, qui, comme les yeux myopes, diftinguent à peine les objets de près. Cet aréopage gouverna donc la France ; c'étoit proprement une ariftocratie, ou bien un vaiffeau, qui navigant fans bouffole fur une mer orageufe, ne fuivoit pour fyftême que l'impulfion des vents. Les armées ne profpérèrent pas fous cette nouvelle adminiftration. Quoique l'armée de Maillebois joint aux Bavarois fût encore fur les frontières de l'Autriche, le prince de Lobkowitz avec 16,000 Hongrois tenoit toujours le maréchal de Belle-Isle bloqué dans Prague avec 16,000 François. Le corps de Mr. de Belle-Isle étoit prefque tout compofé d'infanterie, & celui des Autrichiens de cavalerie. Cette fituation inquiétoit Mr. d'Argenfon : foit par impatience, foit par humeur, foit par légéreté, ce robin fit expédier au maréchal de Belle-Isle l'ordre d'évacuer Prague. Cet ordre étoit plus facile à donner qu'à exécuter. Le maréchal de Belle-Isle fit fes difpofitions en conféquence ; il fit fortir la garnifon le 18 de décembre au foir par un froid trèspiquant ; il gagna trois marches fur le prince Lobkowitz, & enfilant un chemin difficile qui donnoit peu de prife à la cavalerie de l'ennemi, il continua de longer l'Éger, & arriva le dixième jour de fa marche à la ville d'Éger : 4,000 hommes périrent de mifère.& de froid par les marches forcées qu'on leur fit faire ; & cette armée délabrée, réduite à 8,000 combattans, fut partagée. Ce qui étoit encore en état de fervir, joignit Mr. de Maillebois en Bavière, & les corps entièrement ruinés, furent envoyés en Alface pour fe recruter. La Bohème fut ainfi

conquife & perdue , fans qu'aucune victoire
ni des François ni des Autrichiens eût décidé
entr'eux du fort des empires. Dans tout'autre
pays que la France , une retraite comme celle
de Mr. de Belle-Isle auroit caufé une confternation générale : en France , où les petites
chofes fe traitent avec dignité & les grandes
légérement , on ne fit qu'en rire , & Mr. de
Belle-Isle fut chanfonné : des couplets ne mé-
riteroient certainement pas d'entrer dans un
ouvrage auffi grave que le nôtre, mais comme
ces fortes de traits marquent le génie de la
nation , nous croyons ne point devoir omettre
celui-ci :

> Quand Belle-Isle partit une nuit
> De Prague à petit bruit,
> Il dit, voyant la lune :
> Lumière de mes jours,
> Aftre de ma fortune,
> Conduifez-moi toujours.

En pareille occafion on auroit jeûné à Londres , expofé le Sacrement à Rome , coupé
des têtes à Vienne. Il valoit mieux fe confo-
ler par une épigramme. La retraite du maréchal de Belle-Isle eut le fort de toutes les actions
des hommes : il y eut des fanatiques qui par zèle
la comparèrent à la retraite des dix mille de
Xénophon ; d'autres trouvoient que cette fuite

honteufe ne pouvoit fe comparer qu'à la défaite de Guinegaft. Ils avoient tort les uns &
les autres ; 16,000 hommes qui évacuent Prague
& fe retirent de la Bohème devant 16,000 hommes qui les pourfuivent , n'ont ni les mêmes
dangers à courir , ni des chemins auffi longs à
traverfer que les troupes de Xénophon pour
retourner du fond de la Perfe en Grèce ; mais
auffi ne faut-il pas outrer les chofes , & comparer une marche , où les François ne purent
être entamés par les ennemis , à une défaite
totale. Les difpofitions de Mr. de Belle-Isle
étoient bonnes ; le feul reproche qu'on puiffe lui
faire , eft de n'avoir pas dans fa marche affez
ménagé fes troupes.

Dès-lors la fortune de la reine prit un air plus
riant. Le maréchal Traun défit en Italie Mr. de
Gages , qui paffoit le Panaro pour l'attaquer.
Cette victoire ne fatisfit point la cour de Vienne ;
elle trouva que le maréchal Traun n'en avoit pas
affez fait, elle vouloit des batailles qui euffent
de grandes fuites. Enfin ce maréchal fut jugé
comme Apollon par Midas , & c'étoit cependant le premier de leurs généraux qui eût triom-
phé de leurs ennemis. La maifon d'Autriche
commençoit à regagner des provinces perdues ,
& affuroit celles qui étoient menacées. Cela ne
l'empêchoit pas d'être accablée par le poids de
cette guerre ; peut-être y auroit-elle fuccombé ,

fi ces premières lueurs de profpérité n'euffent
ranimé la bonne volonté de fes alliés. Le roi
d'Angleterre donna des marques du plus grand
zèle pour le foutien de la reine de Hongrie.
Les motifs qui le faifoient agir ainfi, étoient en
grande partie une haine invétérée qu'il portoit
à la France. Il avoit fervi dans fa jeuneffe contre
cette puiffance ; il s'étoit trouvé à la bataille
d'Oudenarde, où il avoit chargé à la tête d'un
efcadron Hanovrien, en donnant des marques
d'une valeur diftinguée ; il ambitionnoit de fe
trouver à la tête des armées pour jouir de la
gloire des héros. L'occafion s'en préfentoit, il
avoit des troupes en Flandre ; en fe déclarant
pour la reine, en paffant la mer, perfonne ne
pouvoit lui difputer le commandement de fes
troupes ; de plus, il alloit augmenter fon tréfor
de Hanovre par les fubfides que les Anglois lui
payeroient pour fes Hanovriens. Pour le lord
Carteret, il avoit befoin de la guerre, afin de fe
foutenir auprès de fon maître & auprès de la
nation Angloife. Le commerce de ces infulaires
étoit gêné depuis qu'ils étoient en guerre avec
l'Efpagné : pour qu'un grand coup décidât ces
affaires de commerce, il falloit le frapper fur
terre & en Europe. La France paffoit pour à
demi ruinée par les efforts qu'elle avoit faits
pour foutenir la Bavière & la Bohème : elle étoit
l'alliée de l'Efpagne ; en affoibliffant l'une de

ces puiſſances., on affoibliſſoit. l'autre. Il falloit
donc battre les François, ſoit en Allemagne, ſoit
en Flandre, pour gagner ſur mer une ſupériorité
qui pût produire un avantage réel au commerce
de l'Angleterre. Le roi, ſon miniſtre & la nation
tendant au même but, quoique par des vues
différentes, il fut réſolu d'envoyer au cœur de
l'Allemagne ces troupes Angloiſes, Hanovriennes & Heſſoiſes, qui ſe trouvoient en Flandre. Autant ce projet pouvoit convenir au roi
d'Angleterre, autant convenoit-il peu au roi de
Pruſſe : il ne devoit pas perdre de vue cet équilibre politique, que pendant la guerre même,
ſon intérêt l'obligeoit de maintenir entre les
puiſſances belligérantes. Si la maiſon d'Autriche
gagnoit une ſupériorité décidée dans l'Empire
ſur la maiſon de Bavière, la Pruſſe perdoit ſon
influence dans les affaires générales ; il falloit
donc empêcher que le roi d'Angleterre & la
reine de Hongrie, aveuglés par les ſuccès auxquels ils devoient s'attendre, ne détrônaſſent
l'empereur. La voie des repréſentations étoit la
ſeule qui convînt au roi de Pruſſe ; & ſe ſervant
des argumens que peut employer un prince
Allemand, zélé pour ſa patrie & pour la liberté
du corps germanique, il conjura le roi d'Angleterre de ne pas rendre, ſans des raiſons très-
importantes, l'Empire, le théâtre d'une guerre
qui étoit près de s'allumer, & de ſe ſouvenir qu'il

n'eſt point permis à un membre du corps germanique d'introduire, ſans la ſanction de la diète,
des troupes étrangères dans ſa patrie. C'étoit
tout ce que ce prince pouvoit faire dans les conjonctures où il ſe trouvoit : il ne pouvoit pas
compter ſur la France, qu'il avoit indiſpoſée
contre lui par la paix de Breslau ; il ne pouvoit
ſe brouiller avec les Anglois, qui étoient les
ſeuls garans qu'il eût de cette paix. Les choſes
n'en étoient pas venues à une extrêmité aſſez
grande pour replonger ſes états dans une nouvelle guerre ; il falloit donc ſe contenter de la
promeſſe du roi d'Angleterre, qui s'engagea de
ne rien entreprendre, ni contre la dignité de
l'empereur, ni contre ſes états patrimoniaux.

Ce n'étoit pas avec les Anglois ſeuls qu'on
négocioit. Le roi avoit entamé une autre négociation à Pétersbourg pour des intérêts qui le
touchoient plus directement : il s'agiſſoit d'obtenir de l'impératrice de Ruſſie la garantie du
traité de Breslau. Ce furent les Anglois & les
Autrichiens qui s'y oppoſèrent de toutes leurs
forces, quoique ſous main. Les deux frères
Beſtuchew, miniſtres de l'impératrice, trouvèrent par les difficultés qu'ils firent naître, le
moyen d'accrocher continuellement la fin de
cette affaire. La reine de Hongrie regardoit la
ceſſion qu'elle avoit faite de la Siléſie comme
un acte de contrainte, dont elle pouvoit appeller

avec le temps, en rejetant fur la néceffité ce que la rigueur des conjonctures l'avoit forcée d'accepter. Les Anglois vouloient ifoler le roi de Pruffe & le priver de tout appui, pour l'avoir entiérement fous leur dépendance. De quelque façon que les princes cachent ces fortes de vues, il leur eft bien difficile de les rendre impénétrables. Ce fut alors que la paix de Friedrichsham fut ratifiée entre la Ruffie & la Suède : la perte d'une partie inculte de la Finlande fut le moindre mal dont la Suède eut à fe plaindre ; le defpotifme que les Ruffes exercèrent à Stockholm, mit le comble à l'opprobre de cette nation ; un fujet de l'impératrice étoit confidéré en Suède, comme un fénateur Romain du temps de Céfar pouvoit l'être dans les Gaules. Une nation malheureufe ne manque jamais d'ennemis. Les Danois voulurent profiter des calamités de la Suède. La diète de Stockholm étoit affemblée pour ratifier la paix qui venoit de fe conclure avec la Ruffie, & pour nommer un fucceffeur au trône ; le roi de Danemarck, dans le deffein d'unir les trois couronnes de la Suède, du Danemarck & de la Norwège fur la tête de fon fils le prince royal, excita une rebellion dans la Carélie ; fouleva des prêtres, corrompit quelques bourgeois ; mais il trouva tant de difficultés dans l'exécution de fon plan, que ce plan avorta avant fa naiffance. Les troupes Danoifes & Suédoifes

s'affems'affembloient déjà fur les frontières ; la diète de Stockholm s'empreffoit à trouver des fecours ; elle demanda les bons offices du roi de Pruffe pour moyenner un accommodement avec fes voifins. Le roi s'intéreffa pour eux , & le roi de Danemarck lui répondit , qu'eu égard à fes exhortations il ne précipiteroit pas les chofes. Mais ce qui paroîtra prefque incroyable , c'eft que ces mêmes Suédois qui venoient de faire une paix fi déshonorante avec la Ruffie , implorèrent la protection de l'impératrice contre les Danois. Élifabeth la leur accorda , & elle fit partir le général Keith fur des galères qui portoient 10,000 hommes de fecours. Ce fut alors qu'à la faveur de ces troupes le prince de Holftein , évêque de Lubeck , fut élu , au-lieu du prince Danois , fucceffeur du vieux roi de Suède , landgrave de Heffe. Ainfi à peu près dans le cours de la même année , la Suède fut battue , protégée , & enfin donnée au prince de Holftein par l'impératrice de Ruffie. Le fénat de Stockholm fe confola de tant d'infortunes par des cruautés ; il fit périr les généraux de Buddenbrock & de Lœwenhaupt fur l'échafaud. On les accufa de trahifons & de perfidies , mais rien ne fut prouvé ; ils n'étoient coupables que d'ignorance & de trop de foibleffe.

Mais il eft temps de quitter ces fcènes tragiques du nord pour retourner au fud , & voir

ce qui fe paffa dans la Bohème, après que les
François l'eurent abandonnée. La reine de Hongrie fe rendit à Prague pour recevoir l'hom-
mage de ce royaume, au recóuvrement duquel
fa fermeté avoit autant & plus contribué que
la force de fes armes. Le jour même de fon
couronnement, elle apprit que le maréchal de
Khevenhuller ayant marché de Scharding à
Braunau, en avoit chaffé le général Minucci,
qui commandoit un corps de 7 à 8,000 impériaux : les détails de cette affaire nous font
parvenus par des officiers Prufliens, qui firent
cette campagne en qualité de volontaires avec
les Autrichiens. Mr. de Khevenhuller s'avança
vers Scharding, place fituée fur l'Inn, proche
des frontières de l'Autriche ; fes troupes, for-
tant de leurs quartiers d'hiver, s'y rendirent
par différentes routes. Malgré les précautions
que cet habile officier prit de cacher fes deffeins, le maréchal de Seckendorff en fut informé, & il donna ordre à Mr. de Minucci
de fe retirer de Braunau. Ce général peu intelligent ne fut ni difpofer fa retraite pour obéir
aux ordres de fon chef, ni choifir un terrein
avantageux pour attendre l'ennemi & pour lui
réfifter. Mr. de Khevenhuller fe trouva bientôt en préfence des Bavarois ; il trouva le front
de Minucci inattaquable, ayant un profond
ravin qui féparoit les deux armées ; fa droite

étoit appuyée à Braunau, que l'on avoit fortifié en hâte durant le dernier hiver. Mais autant
ce poſte étoit fort par ſa droite & par ſon front,
autant étoit-il foible ſur ſa gauche. Mr. de
Khevenhuller s'en apperçut au premier coup-
d'œil ; il détacha Mr. de Berlichingen avec
un gros de cavalerie, qui tourna les impériaux,
& prenant des chemins détournés, tomba ſur
cette aîle qui étoit en l'air, tandis que Nadaſti avec ſes houſards attaqua les troupes de
Minucci de front. Ce ne fut point une bataille ;
les Bavarois s'enfuirent ſans s'être défendus ;
une partie de leur cavalerie ſe ſauva dans Braunau, leur infanterie ſe réfugia ſur les glacis de
la ville. Minucci, la plus grande partie de ſes
troupes, & la ville de Braunau ſe rendirent tout
de ſuite à leur vainqueur ; quelques débris de
cette cavalerie prirent le chemin de Burghauſen,
où les impériaux avoient encore un corps de
troupes. Les François qui étoient à Oſter-
hofen, n'attendirent pas l'approche des Autrichiens. Le vieux Broglio, qui commandoit
cette armée avec les maréchaux de Maillebois
& de Seckendorff, avoit été vivement preſſé
par Seckendorff de prévenir l'ennemi & d'aſſembler ſes troupes avant que Mr. de Khevenhuller fût en état de rien entreprendre ; mais
ce fut en vain. Ses ennemis prétendoient même
qu'il n'étoit pas fâché de voir le mauvais ſuccès

d'une guerre à laquelle le maréchal de Belle-
Isle avoit le plus contribué; d'autres foutiennent, avec plus d'apparence, qu'il avoit des
ordres de la cour de retourner en France &
d'abandonner la Bavière. Quoi qu'il en foit,
fa conduite fembla autorifer cette dernière opinion, & la cour ne lui témoigna aucun mécontentement à fon retour. Les Autrichiens furent
profiter de l'avantage qu'ils avoient d'être en
corps, & d'agir contre des troupes féparées
par bandes. Le prince de Lorraine arriva au
camp, & fans s'arrêter, délogea les François
de Deckendorff; tout plia devant lui : à me-
fure qu'il s'avançoit, les troupes Françoifes
recevoient ordre de fe retirer. Quelques rivières
affez confidérables, qui ont leur fource dans
le Tyrol, qui traverfent la Bavière, & vont
fe jeter dans le Danube, fourniffent aux généraux qui veulent fe défendre, la facilité d'en
difputer les bords ; mais le prince de Lorraine
les paffa fans y trouver de réfiftance. Broglio
décampa de Straubingen, où il avoit un gros
magafin, en y laiffant une foible garnifon, qui
fut facrifiée à l'ennemi. Un fecours de 10,000
François étoit déjà arrivé à Donawerth pour
le joindre ; ils devinrent les compagnons de fa
fuite ; & malgré les plus fortes repréfentations
de Mr. de Seckendorff, les François l'abandonnèrent & ne s'arrêtèrent qu'à Strasbourg,

où Mr. de Broglio donna un bal le jour de
fon arrivée , apparemment pour célébrer la
campagne brillante qu'il venoit de terminer.
Le malheureux Seckendorff s'occupant à raffembler les débris de fes impériaux, qui s'étoient
fi mal conduits à Braunau , les joignit au corps
qui étoit à Burghaufen , & fe retira en hâte fur
Munich , qu'il abandonna pour fe joindre à
l'armée Françoife ; mais affuré que ces troupes
vouloient repaffer le Rhin , il écrivit au maréchal de Broglio, que comme les François abandonnoient l'empereur, ce prince fe voyoit contraint de les abandonner de même & de chercher fes fûretés où il les trouveroit. Auffi-tôt
il demanda au prince de Lorraine & à Mr. de
Khevenhuller, de convenir avec lui d'une fuf-
penfion d'armes, dont il obtint l'équivalent ;
car les Autrichiens lui promirent de refpecter
les troupes impériales tant qu'elles occuperoient
un territoire neutre de l'Empire. Les Autrichiens, aveuglés par leurs fuccès , méprifoient
trop ces troupes pour vouloir les défarmer ;
ils voloient vers le Rhin , foutenus de la chimérique efpérance de reconquérir la Lorraine.
La profpérité eft à la guerre fouvent plus dangereufe que l'infortune ; aux uns elle infpire
une trop grande fécurité , & aux autres trop
de témérité: Lé plus grand général du monde
feroit celui qui dans les diverfes fortunes con-

ferveroit un efprit égal , & qui ne fépareroit jamais l'activité de la prudence. Tandis que le prince de Lorraine s'acheminoit vers le Rhin, l'Allemagne étoit inondée d'une nouvelle armée étrangère , qui fous prétexte de la protéger , concouroit à fa ruine. Le roi d'Angleterre avoit envoyé vers le bas Rhin fes troupes Hanovriennes & Angloifes , fous le commandement du lord Stairs. George paffa lui-même la mer & vint à Hanovre, pour fe mettre enfuite à la tête de fon armée. Le lord Stairs , qui étoit à Hœchft, rifqua de paffer le Mein ; les François qui l'épioient , l'obligèrent d'abord à reprendre fa première pofition. Ce pas de clerc fit appréhender au roi d'Angleterre, que fon général trop fougueux par tempérament, ne commit quelque imprudence plus forte, & il fe hâta de prendre lui-même le commandement de fes troupes. Ce corps étoit compofé de 17,000 Anglois, 16,000 Hanovriens & 10,000 Autrichiens , ce qui faifoit 43,000 combattans ; 6,000 Heffois, & quelques régimens Hanovriens étoient encore en marche pour le joindre. Le lord Stairs avoit agi avec fi peu de prudence, que fes foldats manquoient de pain & fes chevaux de fourrage. Pour fubvenir à cet inconvénient, le roi vint fe camper auprès d'Afchaffenbourg ; mais ce moyen ne fuffit pas pour remédier à la négligence qu'on avoit eüe de ne pas amaffer affez de vivres. Le Rhin pouvoit fournir des fecours, & le roi s'éloignant de cette rivière, fe trouva plus refferré qu'auparavant par le Mein & par les François qui gardoient l'autre bord, & fur fes derrières, par les montagnes arides du Speshard : il ne s'apperçut que trop tôt de fa faute. Le maréchal de Noailles affama le monarque Anglois dans fon camp, & comme il prévit qu'il ne pouvoit y refter que peu de jours, Noailles conçut un deffein digne du plus grand capitaine. Il prit Dettingen, & fit conftruire deux ponts fur le Mein, & préparer à côté des guets pour fa cavalerie. Toutes ces chofes s'exécutèrent fans que le roi d'Angleterre en eût vent ; c'étoit le prélude de la bataille qui devoit fe donner bientôt. Pour en avoir une idée précife, il eft bon de favoir que l'armée Angloife, affamée vers les fources du Mein, ne pouvoit trouver des fubfiftances qu'en prenant le chemin de Hanau. Sa gauche longeant toujours le Mein au fortir de ces monticules, traverfoit la petite plaine de Dettingen. Mr. de Noailles en conféquence tenoit un détachement tout prêt pour occuper Afchaffenbourg au moment où les Anglois en fortiroient. Il avoit fait dreffer tout le long du Mein des batteries mafquées, dont il pouvoit tirer à bout-portant fur les colonnes des alliés en marche : la plus forte partie de fon armée devoit paſſer le Mein, pour ſe ranger derrière un ruiſſeau qui du Speshard coule devant ce front & va ſe jeter dans le Mein; ces troupes coupoient préciſément le chemin de Hanau. Le roi d'Angleterre trouvoit donc à ce débouché une armée en face & des batteries en flanc. Si le maréchal de Noailles avoit auſſi exactement exécuté ce projet qu'il l'avoit conçu avec ſageſſe, le roi d'Angleterre auroit été forcé, ou d'attaquer l'armée Françoiſe dans un poſte très-avantageux, pour s'ouvrir l'épée à la main le paſſage à Hanau; ou de ſe retirer par les déſerts du Speshard, ce qui infailliblement auroit fait débander les troupes faute de ſubſiſtances. La faim chaſſa les Anglois d'Aſchaffenbourg, comme Noailles l'avoit prévu. Les troupes, qui avoient campé par corps, ne marchoient point par colonnes, mais ſe ſuivoient par diſtances, d'abord les Hanovriens, puis les Anglois, & enfin les Autrichiens. Le roi étoit dans ſon carroſſe auprès des troupes de Hanovre; on l'avertit pendant la marche, que ſon avant-garde étoit attaquée par un gros de cavalerie Françoiſe, & bientôt après, que toute l'armée Françoiſe avoit paſſé le Mein & ſe trouvoit en bataille vis-à-vis de lui. Le roi monte à cheval, il veut voir par lui-même. La canonnade des François commence; ſon cheval prend l'épouvante, & alloit l'emporter

au milieu des ennemis, fi un écuyer ne fe fût
jeté en avant pour l'arrêter. George renvoya
le cheval & combattit à pied à la tête d'un de
fes bataillons Anglois. Les troupes avoient un
petit bofquet à paffer ; ce qui leur donna le
temps d'avertir les autres corps du danger qui
les menaçoit. Le duc d'Aremberg & Mr. de
Neuperg accoururent avec leurs Autrichiens,
& formèrent leur armée vis-à-vis de celle des
François , auffi-bien que les circonftances le
permettoient. Ce champ de bataille n'ayant que
1200 pas de front , obligea les alliés à fe
mettre fur 7 ou 8 lignes. Les François ne
leur laifsèrent pas le temps de finir tranquillement leur difpofition ; la maifon du roi les attaqua, perça quatre lignes de cavalerie, renverfa
tout ce qu'elle rencontra , & fit des prodiges de
valeur : elle auroit peut-être remporté l'honneur
de cette journée, fi elle n'avoit pas fans ceffe
trouvé de nouvelles lignes à combattre. Ces
attaques réitérées l'ayant mife en défordre, le
régiment de Stirheim Autrichien s'en apperçut,
& la fit reculer à fon tour. Cela n'auroit pas
fait perdre la bataille aux François : la véritable
caufe ne doit s'attribuer qu'au mouvement
imprudent de Mr. de Harcourt & de Mr. de
Grammont. Ils étoient à la droite de l'armée
avec la brigade des gardes Françoifes ; ils quit-
tent leur pofte fans ordre, & s'avifent de prendre

en flanc la gauche des alliés, qui tiroit vers
le Mein : par cette manœuvre , ils empêchèrent leurs batteries , qui étoient au-delà
du Mein & qui incommodoient beaucoup les
alliés , de tirer. Les gardes Françoiſes ne ſou-
tinrent pas la première décharge des Autrichiens ; elles prirent la fuite d'une manière hon-
teuſe , & ſe précipitèrent dans le Mein , où
elles ſe noyèrent ; d'autres portèrent le décou-
ragement & l'épouvante dans le reſte de l'armée. Lé prince Louis de Brunſwick , qui ſervoit
dans les troupes Autrichiennes , eut toutes
les peines du monde à perſuader au roi d'Angleterre de faire avancer les Anglois ; ce furent
cependant eux qui décidèrent les François à
la retraite & à repaſſer le Mein. Les François
plaiſantèrent là-deſſus. On appella cette aĉtion
*la journée des bâtons rompus* , parce que Mr.
de Harcourt & Mr. de Grammont n'avoient
attaqué que dans l'eſpérance d'obtenir le bâton
de maréchal , comme une récompenſe due à
leur valeur : on donna aux gardes Françoiſes
le ſobriquet de *canards du Mein* : on pendit
une épée à l'hôtel de Noailles avec l'inſcrip-
tion , *point homicide ne feras.* Sans doute que
ce maréchal ne devoit pas ſe tenir auprès de
ſa batterie au-delà du Mein. S'il avoit été
préſent à l'armée , il n'auroit jamais permis
aux gardes Françoiſes d'attaquer ſi mal à propos;

& fi les troupes étoient demeurées dans leur
pofte, jamais les alliés ne les y auroient forcées.
Cette journée ne valut au roi d'Angleterre
que des fubfiftances pour fes troupes. Le canon
des Hanovriens fut bien fervi ; quelques régimens de leurs troupes & quelques régimens
Autrichiens , fur - tout celui de Stirheim, fe
diftinguèrent. Mr. de Neuperg eut le plus de
part au gain de cette bataille , & fut bien fecondé par le prince Louis de Brunfwick. Je
fais d'un officier qui fe trouva fur les lieux, que
le roi d'Angleterre fe tint pendant toute la
bataille , devant fon bataillon Hanovrien , le pied
gauche en arrière, l'épée à la main & le bras
étendu, à-peu-près dans l'attitude où fe mettent
les maîtres d'efcrime pour pouffer la quarte :
il donna des marques de valeur, mais aucun
ordre relatif à la bataille. Le duc de Cumberland combattit avec les Anglois à la tête des
gardes ; il fe fit admirer par fa bravoure & par
fon humanité : bleffé lui-même, il voulut que
le chirurgien pansât avant lui un prifonnier François criblé de coups. Les alliés ne pensèrent
point à pourfuivre les François, ils ne pensèrent
qu'à trouver des fubfiftances dans leur magafin
de Hanau. Le vainqueur, après avoir foupé fur
le champ de bataille , pourfuivit inceffamment
fa route pour fe rapprocher de fes vivres. Ce
qu'il y eut de fort extraordinaire , c'eft qu'a-

près cette bataille gagnée , le lord Stairs pria,
par un billet le maréchal de Noailles d'avoir
foin des bleffés qui fe trouvoient fur le champ,
de bataille que les vainqueurs abandonnoient;
Comme les alliés portoient tous des rubans verds
fur leurs chapeaux , on attacha une branche de
laurier à celui du roi , qui la porta fans fcru-
pule : ce font des misères, mais elles peignent
les hommes. Cette victoire ne fit pas autant de
plaifir au roi de Pruffe, qu'en avoit reffenti le
roi d'Angleterre. Il étoit à craindre que le
miniftère François, peu ferme , & découragé
par une fuite de revers, ne facrifiât la gloire de
Louis XV & les intérêts de l'empereur, pour
fe tirer des embarras toujours renaiffans qui
l'environnoient. Pour éclairer les démarches
des alliés , le roi fit partir le jeune comte
Finck, fous prétexte de féliciter le roi d'Angleterre fur fa victoire , mais réellement pour
veiller à la conduite du lord Carteret, & pour
découvrir les négociations qui pourroient s'entamer dans ce camp. Le prince de Heffe ,
Guillaume , frère du roi de Suède, étoit très-
bien intentionné pour les intérêts de l'empereur. On fe fervit de fon canal pour faire parvenir au lord Carteret quelques propofitions
d'accommodement , tendantes à concilier la
Bavière & l'Autriche ; mais cet Anglois ne
fut pas affez fin pour diffimuler le fond de fes

penfées, & l'on s'apperçut qu'il ne vouloit point
d'accommodement , que fon maître vouloit la
guerre, la reine de Hongrie le trône impérial
pour fon époux , & que les uns & les autres
défiroient également la ruine du Bavarois. Le
roi d'Angleterre abandonna bientôt le caractère
de protecteur de l'Empire qu'il avoit pris ; un
rôle d'emprunt eft difficile à foutenir, on n'eft
jamais bien que foi-même. Il refufa avec fierté
les dédommagemens que divers fouverains lui
demandoient, pour le dégât que fes troupes
avoient commis dans leur pays , & refufa de
même le paiement des denrées & des fourrages
que ces princes lui avoient livrés. Il fe fervit
d'une expreffion fingulière dans une pièce qu'il
fit imprimer pour éluder ces bonifications ; il y
dit : » Que c'eft le moins que les princes de
» l'Empire puiffent faire , que de défrayer l'ar-
» mée de leur libérateur & de leur fauveur ; que
» cependant il aviferoit à les payer felon que ces
» états fe conduiroient envers lui ». Cette hauteur acheva d'aliéner les efprits. Le monarque
le plus defpotique ne s'exprime pas en termes
plus impérieux. Le roi agiffoit par intérêt ; Carteret étoit violent ; ces fortes de caractères n'emploient que rarement des expreffions modérées.

. Pendant que tous ces événemens s'étoient
paffés fur le Mein , le prince de Lorraine pour-
fuivoit les François jufqu'au bord du Rhin. Son

armée étoit partagée en trois colonnes ; tandis qu'elle s'avançoit vers les frontières de l'Alsace, lui & le maréchal de Khevenhuller se rendirent à l'armée Angloise ; ce qui étoit d'autant plus facile, que Mr. de Noailles avoit repassé le Rhin à Oppenheim. Le roi d'Angleterre voulut établir un concert, moyennant lequel les mouvemens des deux armées seroient si bien compassés les uns avec les autres, qu'ils tendroient au même but, qui étoit, selon le projet dont on convint, de reprendre la Lorraine. A cette fin, le roi d'Angleterre devoit passer le Rhin à Mayence, & se porter en droiture en Alsace, pour faciliter au prince de Lorraine les moyens de passer le Rhin à Bâle, de prendre la Lorraine, & ensuite de distribuer les troupes victorieuses en quartiers d'hiver, tant en Bourgogne qu'en Champagne. Ces desseins étoient vastes, l'exécution répondit mal à leur grandeur. Le roi d'Angleterre, qui ne se voyoit arrêté par aucune difficulté, passa le Rhin à Mayence, & se porta sur Worms. Le prince de Lorraine, moins heureux, fit passer quelques troupes dans une isle du Rhin, & quelques Hongrois à l'autre bord ; celles-là furent repoussées avec perte : l'isle du Rhin fut abandonnée, & ce prince traîna languissamment dans le Brisgau la fin d'une campagne, dont les commencemens avoient été si brillans. Le camp de Worms devint alors par l'inaction des troupes

le centre des négociations. Les François fe fervirent de toutes fortes de voies pour tâter le
terrein : ils firent des ouvertures au lord Carteret, & hafardèrent quelques propos pour fon-
der le guet, & voir à quelles conditions on pourroit convenir de la paix. Les deffeins du roi
d'Angleterre alloient beaucoup au-delà de tout
ce que la France pouvoit lui offrir avec bien-
féance. Le roi George, qui favoit que le roi de
Pruffe étoit informé de fes pourparlers, voulut
fe fervir de ces circonftances pour lui faire illu-
fion. Il lui communiqua un projet de pacification, par lequel la France s'offroit d'affifter la
reine de Hongrie dans la conquête de la Siléfie,
à condition que celle-ci reconnût l'empereur &
le remît dans la paifible poffeffion de la Bavière.
Le lord Hindfort fe rendit en Siléfie, où le roi
étoit alors, pour lui faire cette ouverture ; mais
c'étoit d'un air fi empreffé, qu'au-lieu de convaincre ce prince de la vérité de la chofe, on lui
fit foupçonner que ces propofitions de la France
étoient fauffes & controuvées. Les difpofitions
du roi d'Angleterre envers la Pruffe étoient trop
connues ; fa mauvaife volonté fe manifeftoit à
l'égard du comte de Finck. Tout cela confirma
le roi dans l'opinion, que cette communication
cordiale étoit un piège que lui tendoit la politique rufée de Carteret ; il répondit cependant
au lord Hindfort, qu'il étoit très-fenfible aux

marques d'amitié que le roi d'Angleterre lui
donnoit dans cette occafion, mais que comptant
fur la bonne foi de la reine de Hongrie, fur la
fageffe du roi George & fur fa garantie même,
il étoit fûr que ces deux puiffances n'entreroient
jamais dans des vues auffi oppofées à leurs engagemens, & dont l'accompliffement feroit plus
difficile à effectuer qu'on ne le penfoit. Le miniftre Anglois ne s'attendoit pas à cette réponfe,
& ne put empêcher que fon mécontentement
n'éclatât fur fon vifage. Mais quelle apparence
que le roi de France eût recours à un expédient
auffi ridicule pour moyenner fa paix avec l'impératrice-reine, que celui de fe plonger dans une
nouvelle guerre, & de fe rendre lui-même l'artifan de la grandeur de la maifon d'Autriche,
que les intérêts permanens de fon royaume
l'obligeoient à rabaiffer? N'étoit-il pas plus naturel de fuppofer, que c'étoit une fable inventée
par le lord Carteret, pour indifpofer le roi de
Pruffe contre la France? Carteret ne pouvoit-il
pas raifonner ainfi : Le roi de Pruffe eft vif, il
prend feu aifément, une ouverture pareille à
celle que nous lui faifons, le tranfportera de
colère ; le lord Hindfort en profitera en l'ai-
griffant au point de le faire déclarer contre la
France, & en ce cas nous aurons acheté ce
fecours à bon marché? Il faut avouer cependant que cet avis du lord Hindfort étoit accompagné

pagné de détails fi fpécieux , qu'il méritoit qu'on s'en éclaircît avant que de le rejeter tout-à-fait. Voici ces détails : Un certain Hertzel , émiffaire de la France , étoit venu chez l'électeur de Mayence, pour infinuer à ce prince les propofitions qu'il vouloit faire parvenir aux Anglois. Les intrigues des Autrichiens avoient fait élire le comte d'Oftein électeur de Mayence, à la place de Schœnborn, qui avoit couronné Charles VII. C'étoit une créature des Autrichiens ; il étoit de plus foudoyé par les Anglois , auxquels il s'étoit vendu fans réferve. On envoya le comte de Finck à Mayence pour éclaircir ce fait, & l'on mit tout en mouvement en France , pour voir s'il y auroit moyen de pénétrer la vérité : toutes ces peines furent perdues. Peut-être que Hertzel avoit tenu de lui-même des propos qui donnèrent lieu à cette hiftoire ; c'étoit un abyme de mauvaife foi ; il auroit fallu un nouvel Œdipe pour expliquer ce myftère.

Une négociation plus importante commençoit à fe lier alors. La cour de Verfailles fe propofoit de faire entrer le roi de Sardaigne dans les intérêts de la Fraace & de l'Efpagne. Il fubfiftoit à la vérité un traité provifionnel entre Charles Émanuel & Marie-Thérèfe ; mais conçu avec tant d'ambiguité & en termes fi généraux , qu'on pouvoit le rompre fans manquer de foi. La négociation des François avançoit à Turin ,

& auroit pu fe conclure, fi les François & les Efpagnols n'euffent pas trop marchandé fur de petits intérêts. Le lord Carteret fut informé de ce qui fe tramoit à Turin. Il ne marchanda point : fes offres, aux dépens des Autrichiens, furpaffèrent celles des François, & il l'emporta auprès du roi de Sardaigne. Par ce traité, la reine de Hongrie lui cédoit le Vigévanafc, le Tortonois, & une partie du duché de Parme; le roi de Sardaigne lui garantiffoit tout ce qu'elle poffédoit en Italie, s'engageant à la défendre de toutes fes forces. Ce traité fut ainfi arrangé & conclu à Worms. La cour de Vienne étoit outrée des ceffions que les Anglois l'obligeoient de faire fans ceffe : on y envifageoit les Anglois comme de plaifans garans de la Pragmatique-Sanction, qui l'ébréchoient fans ceffe. Le roi de Pruffe jugea cette difpofition favorable, pour infpirer aux Autrichiens des fentimens plus pacifiques; il leur fit repréfenter que le rôle qu'ils jouoient en Europe ne leur étoit pas convenable; que fi l'empereur paffoit pour la marionnette de Louis XV, ils paffoient eux pour être celle de George II, & que la paix étoit pour eux le feul moyen de fe tirer de la tutelle de l'Angleterre. Ces repréfentations les piquèrent d'autant plus, que les faits étoient véritables; mais cela n'empêcha pas que l'efpoir de conquérir la Lorraine ne les entraînât à pourfuivre leurs

mefures. Le roi de Pruffe vouloit la paix ; il
prêchoit la modération à toutes les puiffances ;
il tâchoit d'adoucir les unes & d'arrêter les
autres. C'étoit beaucoup que d'empêcher qu'on
ne jetât de l'huile dans le feu, il fe feroit éteint
à la fin faute d'aliment. Mais les meilleures
intentions ne s'accompliffent pas toujours. Les
guinées angloifes commençoient à mettre en
fermentation la république de Hollande. Ceux
qui étoient du parti d'Orange vouloient la
guerre ; les vrais républicains vouloient le
maintien de la paix. La force des guinées
l'emporta enfin fur l'éloquence des meilleurs
citoyens, & les Provinces-Unies époufèrent
les intérêts de la reine de Hongrie, qui leur
étoient étrangers, & les deffeins de Carteret
qu'ils ignoroient : ils envoyèrent 20,000 hom- Août
mes pour renforcer l'armée de Worms, dont 1743.
14,000 la joignirent, & le refte fe débanda.

Le maréchal de Noailles, après avoir paffé
une partie de cette campagne derrière le
Speyerbach, abandonna cette pofition pour fe
rapprocher de Landau ; & fe trouver à portée
de joindre le maréchal de Coïgni, qui avoit
pris le commandement des troupes du vieux
Broglio, au cas que le prince de Lorraine
forçât le paffage du Rhin & pénétrât en Alface.
Le roi George fuivit les François jufqu'au
Speyerbach, où il termina les opérations de

cette campagne, après avoir fait rafer les lignes que les François avoient fait conftruire fur fes bords. Il retourna à Hanovre, & les troupes prirent des quartiers dans le Brabant & dans l'évêché de Munfter. George, pendant fon féjour à Hanovre, maria fa fille Marie avec le prince royal de Danemarck ; après quoi il prit le chemin de Londres, pour y faire à fon parlement, dans une harangue pompeufe, le récit de fes exploits. Pour fe convaincre du peu de fuite qu'il y a dans les actions des hommes, il n'y a qu'à faire l'analyfe de cette campagne. On affemble une armée fur le Mein, fans pourvoir à fes fubfiftances : la faim & la furprife obligent les alliés à fe battre ; ils font vainqueurs des François; ils paffent le Rhin ; ils vont à Worms : le Speyerbach les arrête, fans qu'ils trouvent des expédiens pour en dépofter les ennemis ; ils avancent enfin fur le Speyerbach, que Mr. de Noäilles leur abandonne, & ils ne reçoivent les fecours des Hollandois que pour prendre des quartiers d'hiver dans le Brabant & dans la Weftphalie. Rien n'eft conféquent dans cette conduite ; elle reffemble à l'opération d'un chymifte, qui cherchant la pierre philofophale, trouve une couleur dont il pouvoit fe paffer. Ce n'eft point dans l'intention de critiquer la conduite du roi d'Angleterre, que nous faifons ces réflexions, car bien d'autres généraux en ont fait autant ; mais feulement pour con- vaincre les lecteurs, que l'efpèce humaine n'eft pas auffi raifonnable qu'on voudroit le per- fuader. Le peu de fuccès qu'eurent les Autri- chiens & les Anglois dans cette campagne de 1743, donna aux François le temps de fe reconnoître & de prendre quelques mefures. Ils avoient à la vérité perdu la Bavière ; mais leur amour-propre étoit flatté d'avoir empêché leurs ennemis de paffer le Rhin & de pénétrer en Alface. Si la fortune changea fouvent de parti dans cette guerre, l'intérêt ne changea pas moins la politique des fouverains. Nous avons dit que le roi de Sardaigne avoit figné le traité de Worms. Ce traité fut publié dans le temps même qu'il négócioit encore avec la France & l'Efpagne, & qu'on s'attendoit à Verfailles à recevoir d'un jour à l'autre des nouvelles de la conclufion du traité. Les mi- niftres de Louis XV ne furent pas les maîtres de diffimuler leur reffentiment, & trouvant dans la conduite du roi de Sardaigne des marques de duplicité & de mépris, ils éclatèrent Le miniftre de France fut inceffamment rappellé de Turin ; un corps de 10,000 hommes de troupes Françoifes fe joignit au marquis de la Mina, qui commandoit fous Dom Philippe dans la rivière de Gènes. La Mina, pour for-

cer les paſſages du Piémont , tenta de pénétrer par Château-Dauphin , mais le roi de Sardaigne l'avoit prévenu ; il s'y étoit retranché ,
& occupoit deux forts qui ſont ſur des col-
lines à droite & à gauche du paſſage. Les Sardes
défendirent ſi vigoureuſement cette gorge , que
les François & les Eſpagnols repouſſés de
tous côtés , ſe retirèrent en Dauphiné , après
avoir perdu 6,000 hommes dans cette expédition infructueuſe. La facilité qu'eut la cour de
Vienne à faire entrer le roi de Sardaigne dans
ſon alliance , lui perſuada qu'elle pourroit ſe
procurer un avantage ſemblable en Ruſſie ,
pour fortifier par ſon aſſiſtance ce qu'elle ap-
pelloit la bonne cauſe. La France le ſut, & renvoya le marquis de la Chétardie à Pétersbourg ,
pour s'oppoſer aux deſſeins de ſes ennemis.
Cet envoyé , qui par ſon adreſſe avoit placé
Éliſabeth ſur le trône , compta de recevoir
dans ſa miſſion des marques de reconnoiſſance
de cette cour ; il n'en emporta que des témoi-
gnages d'ingratitude. Ce pays étoit en grande fermentation. Tant de ſouverains dépoſés avoient
indiſpoſé ceux des grands qui avoient tenu à
leur fortune ; il ne manquoit qu'un chef à la
rebellion pour la faire éclater. Les puiſſances
qui vouloient à toute force des ſecours de la
Ruſſie , & qui ne pouvoient les obtenir , pro-
fitèrent de ces germes de mécontentement , qui

commençoient à fermenter, pour tramer contre
l'impératrice une conspiration, qui par bonheur pour cette princesse fut découverte. Pour
développer cette dangereuse intrigue, il faut
rappeller que la cour de Vienne avoit vu avec
chagrin la catastrophe qui perdit le prince An-
toine de Brunswick & son épouse : c'étoit affez
que la France eût travaillé à cette révolution
pour la rendre odieuse, d'autant plus qu'il
étoit à préfumer que l'impératrice Élifabeth
n'oublieroit pas le fervice que la France lui
avoit rendu, & marqueroit plus de prédilec-
tion pour cette puiffance que pour l'Autriche,
fur-tout à caufe de la proche parenté de la reine
de Hongrie avec la famille détrônée. Cette
fuppofition étoit fuffifante, pour que le miniftre
de Vienne fe crût en droit de tout entreprendre
pour travailler à la ruine de l'impératrice de
Ruffie. Le marquis de Botta Adorno, envoyé de la reine de Hongrie à Pétersbourg,
avoit des inftructions fecrettes pour ourdir cette
trame : il étoit dans cette cour comme un levain
qui aigriffoit les efprits de ceux qu'il fréquen-
toit ; il excita des femmes, & s'affocia avec
des perfonnes de tout rang & de tout caractère : il ajouta la calomnie à la trahifon, en
affurant de la protection du roi de Pruffe ceux
qui travailleroient pour fon beau-frère, & pour
fon neveu le jeune empereur détrôné. L'inten-

tion du marquis de Botta, en fe fervant du nom du roi dans cette intrigue, étoit de brouiller ce prince avec la Ruffie, en cas que la conjuration fût découverte. Elle le fut effectivement ; mais le knout apprit à l'impératrice de Ruffie que Botta en étoit l'auteur. La chofé fe découvrit par un Ruffe étourdi & plein de vin, qui tint quelques propos féditieux dans un des cafés de Pétersbourg. Il fut arrêté par la police : lui & ceux de fes complices qu'on arrêta, avouèrent tout par la crainte des tourmens. On arrêta 40 perfonnes à Mofcow, dont la dépofition fut femblable à celle des premiers. La comteffe Beftuchew eut la langue coupée, la femme d'un Beftuchew, frère du miniftre, fut reléguée en Sibérie, & un grand nombre de perfonnes dûrent les jours infortunés qu'elles paffèrent dans la fuite, aux féductions du marquis de Botta. Ce miniftre avoit eu la précaution de fe faire relever par un nouveau miniftre avant que la conjuration éclatât, pour ne point expofer fa perfonne & fon caractère, au cas que les chofes ne réuffiffent point. Il étoit accrédité à la cour de Berlin lorfque la conjuration fe découvrit. Le roi ayant appris ce qui fe paffoit en Ruffie, lui fit défendre la cour, & il fe joignit à l'impératrice de Ruffie, pour en demander fatisfaction à la reine de Hongrie, parce que Botta avoit également

offenfé l'impératrice & le roi de Pruffe. Ce
qu'il y avoit d'odieux dans la conduite de Botta,
réjaillit en partie fur fa cour. Si les François
donnèrent l'exemple d'une femblable entreprife,
les Autrichiens ne devoient pas les imiter. Que
deviendroit la fûreté publique & celle des rois
mêmes, fi l'on ouvroit la porte aux rebellions,
aux empoifonnemens, aux affaffinats? Quelle
jurifprudence peut autorifer de telles entreprifes? La politique n'a-t-elle pas des voies
honnêtes dont elle peut fe fervir, & faut-il
perdre tous les fentimens de probité & d'honneur, pour des vues d'intérêt, qui même font
trompeufes? Il eft fâcheux que dans ce dix-
huitième fiècle, plus humain, plus éclairé que
ceux qui l'ont précédé, la France & l'Autriche
aient de femblables reproches à fe faire.

La reine de Hongrie n'avoua ni ne défavoua
fon miniftre. Cette fauffe démarche de la cour
de Vienne pouvoit fournir à celle de Berlin,
les moyens de s'unir plus étroitement avec celle
de Pétersbourg. Le roi en écrivit à Mr. de
Mardefeld, fon miniftre auprès de l'impératrice. Cet habile négociateur effaya de donner
plus d'étendue au traité qui fubfiftoit entre les
deux puiffances. Après bien des longueurs, il
ne pût obtenir qu'une garantie affez vague des
états Pruffiens, conçue en termes fi ambigus,
qu'il ne valoit pas la peine de l'avoir. Quoique

ce traité n'eût aucune force, il pouvoit en im-
poſer aux cours mal-intentionnées à l'égard de
la Pruſſe : pour faire illuſion, un ſtras vaut un
diamant. C'étoit le comte Beſtuchew qui diſ-
ſuadoit l'impératrice de conclure une alliance
plus intime avec le roi de Pruſſe. Mr. de la
Chétardie, mécontent de ce miniſtre, travailloit
à le déplacer ; Mr. de Mardefeld fut autoriſé
à le ſeconder : l'expérience de Mardefeld ne
put rien contre l'étoile de Beſtuchew. Nous
nous réſervons à parler plus amplement dans
la ſuite de cet ouvrage, de toutes les intrigues
des miniſtres à la cour de Ruſſie. Les cours
étrangères intriguoient également à Berlin. Les
Anglois ne quittoient pas leur projet d'engager
inſenſiblement le roi dans la guerre qu'ils faiſoient à la France ; & les François déſiroient
qu'il vînt à leur ſecours, & les aſſiſtât par quelque diverſion. Sur ces entrefaites, Voltaire
arriva à Berlin. Comme il avoit quelques pro-
tecteurs à Verſailles, il crut que cela ſuffiſoit
pour ſe donner les airs de négociateur. Son
imagination brillante s'élançoit ſans retenue
dans le vaſte champ de la politique. Il n'avoit
point de lettre de créance, & ſa miſſion devint
un jeu, une ſimple plaiſanterie.

Dans cette paix dont jouiſſoit la Pruſſe,
deux objets intéreſſans lui étoient toujours préſens, le ſoutien de l'empereur, & la paix géné-

rale. Pour ce qui regardoit l'empereur, comme
la France l'avoit abandonné, le feul moyen qu'il
y eût pour le foutenir, étoit de former, comme
nous l'avons dit, une ligue des princes de
l'Allemagne, qui levaffent l'étendard pour fecourir le chef de l'Empire Germanique. On
avoit déjà effayé d'infpirer ces fentimens aux
fouverains de l'Allemagne, mais en vain. Le
roi, pour effayer par de nouveaux efforts, s'il
ne pourroit pas les déterminer à ce que leur
intérêt & la gloire demandoient d'eux, entreprit lui-même de s'aboucher avec quelques-uns
d'entr'eux. Sous prétexte de rendre vifite aux
margraves de Bareuth & d'Anfpach fes fœurs,
il fe rendit dans l'Empire ; il pouffa même jufqu'à Hohen-Oettingen, feignant la curiofité de
voir les débris de l'armée Bavaroife ; mais dans
le fond, pour délibérer avec le maréchal de Seckendorff, fur les refforts qu'on pourroit mettre
en jeu pour affifter l'empereur. Toutes les tentatives, toutes les repréfentations, toutes les
raifons furent inutiles. Les enthoufiaftes de la
maifon d'Autriche fe feroient facrifiés pour elle,
& ceux qui étoient attachés à l'empereur étoient
fi intimidés par tant de revers qui accabloient
ce prince, qu'ils croyoient perdre leurs Etats
au moment même où ils fe réfoudroient à le
fecourir. La ducheffe douairière de Wurtemberg fe trouvoit alors à Bareuth ; elle défira

que le roi lui rendît ses fils, dont elle lui avoit
confié l'éducation. Le roi jugea qu'il seroit
plus décent que ces princes partissent sous de
plus favorables auspices ; pour cet effet, il obtint
de l'empereur une dispense d'âge avant le terme
ordinaire. C'étoit un moyen d'attacher ces jeunes
princes aux intérêts de la France & de la Bavière.

1743.     En pensant à la politique, le roi ne négli-
geoit pas le gouvernement intérieur de ses états.
Les fortifications de la Silésie avançoient à vue-
d'œil. On fit le grand canal de Plauen, pour
abréger la communication de l'Elbe à l'Oder.
On avoit creusé le port de Stettin, & rendu
navigable le canal de la Swine. Des manufac-
tures de soie s'élevèrent ; l'insecte qui produit cette matière précieuse, devint une source
nouvelle de richesse pour les habitans de la
campagne, & l'on ouvrit toutes les portes à
l'industrie. L'académie des sciences fut renou-
vellée ; les Euler, les Lieberkuhn, les Pott,
les Marggraf en devinrent les ornemens : Mr. de
Maupertius, si célèbre par ses connoissances &
par son voyage de Lapponie, devint le président
de cette compagnie. Ainsi finit l'année 1743.
Toute l'Europe étoit en guerre, tout le monde
intriguoit. Les cabinets des princes agissoient
avec plus d'activité que les armées. La guerre
avoit changé de cause. Il ne s'agissoit au commencement que du soutien de la maison d'Au-

triche ; & alors, que de fes projets de conquête.
L'Angleterre commençoit à gagner un afcendant
dans la balance des pouvoirs, qui ne pronofti-
quoit que des malheurs à la France ; la fermeté
de l'impératrice-reine dégénéroit en opiniâtreté,
& la générofité apparente du roi d'Angleterre,
en vil intérêt pour fon électorat. Mais la Ruffie
demeuroit encore en paix. Le roi de Pruffe,
toujours occupé à tenir en équilibre les puiffances belligérantes, fe flattoit d'y parvenir, foit
par des infinuations amicales, foit par des dé-
clarations plus fortes, foit même par quelque
oftentation. Mais que font les projets des hommes ! L'avenir leur eft caché ; ils ignorent ce
qui doit arriver le lendemain, comment pour-
roient-ils prévoir les événemens que l'enchaînement des caufes fecondes amènera dans fix
mois ? Les conjonctures les forcent fouvent
d'agir malgré leur volonté. Dans ce flux &
reflux de la fortune, la prudence ne peut que s'y
prêter, agir conféquemment, ne point perdre
fon fyftême de vue ; mais jamais elle ne pourra
tout prévoir.

# CHAPITRE VIII.

*Des négociations de l'année 1744, & de tout ce qui précéda la guerre que la Pruſſe entreprit contre la maiſon d'Autriche.*

LEs affaires de l'Empire s'embrouilloient de plus en plus. Les ſuccès des Autrichiens faiſoient éclater leur ambition. Il n'étoit plus douteux qu'ils ne vouluſſent détrôner l'empereur ; le roi d'Angleterre travailloit ſourdement au même but. La foibleſſe de Charles VII & l'énormité des prétentions de la reine de Hongrie, avertiſſoient ſur-tout les princes amoureux de leur liberté, qu'ils ne ſeroient pas long-temps ſpectateurs d'une guerre où leur intérêt, & leur gloire, exigeoient de ne pas laiſſer prendre le deſſus aux anciens ennemis de la liberté germanique. A ces conſidérations générales, il s'en joignoit de plus fortes pour le roi de Pruſſe. Ni la reine de Hongrie, ni le roi d'Angleterre ne ſavoient aſſez bien diſſimuler leur mauvaiſe volonté ; elle ſe manifeſtoit en toute rencontre. Marie-Thérèſe ſe plaignant au roi George des ceſſions qu'il l'obligeoit de faire, ſur-tout de celle de la Siléſie, George lui répondit :

» Madame, ce qui eſt bon à prendre, eſt bon
» à rendre ». Cette anecdote eſt certaine, &
l'auteur a vu la copie de cette lettre. Enfin l'on
ſavoit que l'Angleterre & l'Autriche ſe propo-
ſoient de forcer la France à faire ſa paix, de
manière que la garantie de la Siléſie n'y fût pas
inſérée. Qu'on ajoute à ces choſes la conduite du
marquis de Botta à Péterſbourg, & il paroîtra
clair que le roi de Pruſſe n'avoit pas tort d'être
ſur ſes gardes, & de ſe préparer même à la
guerre, ſi la néceſſité la rendoit néceſſaire.
Comme le roi s'étoit toujours défié des ennemis
avec leſquels il avoit fait la paix, il avoit eu une
attention particulière à ſe préparer à tout événement. Une bonne économie avoit en quelque
manière réparé les brèches de la dernière guerre,
& l'on avoit amaſſé des ſommes qui pouvoient
ſuffire, en les employant avec prudence, aux
frais de deux campagnes. A la vérité, les forte-
reſſes étoient plutôt ébauchées qu'en état de
défenſe ; mais les augmentations dans l'armée
étoient achevées, les munitions de guerre & de
bouche amaſſées pour une campagne. En un
mot, l'acquiſition de la Siléſie ayant donné de
nouvelles forces à l'état, la Pruſſe étoit capable
d'exécuter avec vigueur les deſſeins de celui qui
la gouvernoit. Il reſtoit à prendre des meſures
pour ne rien appréhender de ſes voiſins, ſur-tout
pour ſe conſerver le dos libre, ſi l'on ſe propoſoit

d'agir d'un autre côté. De tous les voisins de la Pruffe, l'empire de Ruffie mérite le plus d'attention, comme le plus dangereux : il eft puiffant, & il eft voifin. Le roi appréhendoit moins le nombre de fes troupes, que cet effaim de Cofaques & de Tartares, qui brûlent les contrées, tuent les habitans, ou les amènent en efclavage ; ils font la ruine des états qu'ils inondent. D'ailleurs à d'autres ennemis on peut rendre le mal pour le mal, ce qui devient impoffible à l'égard de la Ruffie, à moins d'avoir une flotte confidérable pour protéger & nourrir l'armée qui dirigeroit fes opérations fur Pétersbourg même. Dans la vue de fe concilier l'amitié de la Ruffie, le roi mit tout en œuvre pour y parvenir ; il pouffa même fes négociations jufqu'en Suède. L'impératrice Élifabeth fe propofoit alors de marier le grand-duc fon neveu, afin de s'affurer d'une lignée. Quoique fon choix ne fût pas fixé, fon penchant la portoit à donner la préférence à la princeffe Ulrique, fœur du roi. La cour de Saxe avoit deffein de donner la princeffe Marianne, feconde fille d'Augufte, au grand-duc, pour gagner du crédit à la faveur de cette alliance auprès de l'impératrice. Le miniftre de Ruffie, dont la vénalité auroit mis fa maîtreffe à l'enchère, s'il avoit trouvé quelqu'un d'affez riche pour la lui payer, vendit aux Saxons un contrat de mariage précoce. Le roi de Pologne le paya, &

n'eut

n'eut que des paroles pour son argent. Rien n'étoit plus contraire au bien de l'état de la Prusse, que de souffrir qu'il se formât une alliance entre la Saxe & la Russie, & rien n'auroit paru plus dénaturé, que de sacrifier une princesse du sang royal pour débusquer la Saxonne. On eut recours à un autre expédient. De toutes les princesses d'Allemagne en âge de se marier, aucune ne convenoit mieux à la Russie & aux intérêts prussiens, que la princesse de Zerbst. Son père étoit maréchal des armées du roi, & sa mère princesse de Holstein, sœur du prince successeur au trône de Suède, & tante du grand-duc de Russie. Nous n'entrons pas dans les détails minutieux de cette négociation ; il suffit de savoir qu'il fallut employer plus de peine pour lui faire prendre de la consistance, que s'il se fût agi de la chose du monde la plus importante. Le père de la princesse même y répugnoit : luthérien comme on l'étoit du temps de la réforme, il ne voulut consentir à voir sa fille se faire schismatique, qu'après qu'un prêtre plus traitable lui eut démontré que la religion grecque étoit à peu près la même que la luthérienne. En Russie, Mr. de Mardefeld cacha si bien au chancelier Bestuchew les ressorts qu'il mettoit en jeu, que la princesse de Zerbst arriva à Pétersbourg au grand étonnement de l'Europe, & que l'impératrice la reçut

*Tome II.*                   D

à Mofcow avec de fenfibles marques de fatisfaction & d'amitié. Tout n'étoit pas applani ;
il reftoit encore une difficulté à vaincre : c'étoit
que les jeunes promis étoient parens au degré
de confinage. Pour lever cet empêchement ,
on gagna les *popes* & les évêques, qui décidèrent que ce mariage étoit très-conforme aux
loix de l'églife grecque. Le baron de Mardefeld , non content de ce premier fuccès, entreprit de transférer la prifon de la famille malheureufe , de Riga, dans quelqu'autre lieu de
la Ruffie , & il y réuffit. La fûreté de l'impératrice demandoit qu'elle éloignât du voifinage de Pétersbourg ces perfonnes , qu'une
révolution avoit fait defcendre du trône, &
qu'une autre révolution pouvoit y replacer.
On les mena au-delà d'Archangel , dans un
lieu fi barbare, que le nom même en eft in-
connu. Dans le temps que nous écrivons ces
mémoires, le prince Antoine-Ulric de Brunswick s'y trouve encore. Mr. de Mardefeld &
le marquis de la Chétardie , qui fe crurent
forts après l'arrivée de la princeffe de Zerbft ,
voulurent couronner l'œuvre en faifant ren-
voyer le grand chancelier Beftuchew, ennemi
de la France par caprice, & attaché à l'Angleterre. C'étoit un homme fans génie, peu
habile dans les affaires , fier par ignorance,
faux par caractère, double même avec ceux

qui l'avoient acheté. Les intrigues de ces miniftres eurent affez d'influence pour féparer les
deux frères. Le grand maréchal Beftuchew fut
envoyé à Berlin en qualité de miniftre pléni-
potentiaire de la Ruffie ; mais le chancelier,
trop bien ancré à la cour, fe foutint contre
tous les affauts qu'on lui donna. Mr. de Mardefeld fut affez habile pour ne point paroître
mêlé dans ces intrigues. Mr. de la Chétardie, moins prévoyant, s'y montra à découvert.
Dès-lors, fans que la cour eût d'égard pour
fon caractère ni pour les fervices qu'il avoit
rendus, on l'obligea de quitter la Ruffie avec
précipitation, & d'une manière peu honorable.
Après que l'impératrice fe fut déterminée au
choix de la princeffe de Zerbft pour le mariage du grand-duc, on eut moins de peine à
la faire confentir à celui de la princeffe de
Pruffe Ulrique, avec le nouveau prince royal
de Suède. C'étoit fur ces deux alliances que
la Pruffe fondoit fa fûreté. Une princeffe de
Pruffe près du trône de Suède ne pouvoit être
l'ennemie du roi fon frère, & une grande ducheffe de Ruffie, élevée & nourrie dans les
terres pruffiennes, devant au roi fa fortune,
ne pouvoit le deffervir fans ingratitude. Quoiqu'on ne pût alors rendre l'alliance de la Ruffie
plus folide, ni remplacer le chancelier Beftuchew par un miniftre mieux intentionné, on

eut recours à d'autres moyens pour ouvrir un cœur à portes de fer : ce fut là la rhétorique dont Mr. de Mardefeld se servit jusqu'à l'année 1745, pour tempérer la mauvaise volonté d'un homme aussi mal disposé. Tous ces faits que nous venons de détailler, montrent bien que le roi de Prusse n'avoit pas parfaitement réussi dans ses intrigues, & que ce qu'il put obtenir de la Russie, ne répondoit pas entiérement à ses espérances. C'étoit toujours beaucoup que d'avoir assoupi pour un temps la mauvaise volonté d'une puissance aussi dangereuse ; & qui gagne du temps, a tout gagné. On fit encore un essai pour une association des princes de l'Empire. On pouvoit compter sur le landgrave de Hesse, sur le duc de Wurtemberg, sur l'électeur de Cologne & l'électeur Palatin ; on avoit ébranlé l'évêque de Bamberg : mais il falloit acheter leur assistance ; point d'argent, point de prince d'Allemagne. La France ne voulut point consentir aux subsides qu'il lui en eût coûté, & la chose manqua une troisième fois. Il auroit été à souhaiter qu'on eût pu s'entendre avec la cour de Saxe ; mais on y rencontra plus d'obstacles que par-tout ailleurs. Le roi de Pologne étoit mécontent de ce que la paix de Breslau ne l'avoit pas mis en possession de la Moravie ; il croyoit conquérir des provinces à coups de plume. Il

étoit jaloux de ce que la maifon de Brandebourg avoit acquis la Siléfie , & de ce qu'il
n'avoit rien gagné à cette guerre : il croyoit
fes prétentions fur la fucceffion de Charles VI
les mieux fondées : il envioit la couronne impériale à l'électeur de Bavière, & déteftoit les
François , qu'il accufoit de l'avoir trompé.
Des difpofitions auffi favorables n'échappèrent
pas à la cour de Vienne. Ce négociateur fémi-
nin , la vieille demoifelle Kling , étoit toujours
à Dresde ; elle ménagea fi bien l'efprit du roi,
de la reine , du comte de * * * & du confeffeur,
qu'elle les amena à la réfolution de s'allier
avec la reine de Hongrie. Bientôt la négociation ne rencontra plus d'obftacles. On conclut
une alliance défenfive entre l'Autriche, l'Angleterre & la Saxe , dont les articles fecrets
furent fignés à Varfovie. Les parties contractantes fe gardèrent bien de les publier. Cela
n'empêcha pas que le roi de Pruffe ne s'en
procurât une copie ; & comme ce traité fut
une des caufes principales de la guerre, que
le roi déclara dans la fuite à la reine de Hongrie, il fera néceffaire que nous en rapportions
quelques articles qui juftifieront aux yeux de
la poftérité , la guerre qu'elles produifirent.
Art. 2. » Pour cet effet, les alliés s'engagent
» derechef à une garantie toute expreffe de
» tout royaume , états, pays & domaines qu'ils

» poſsèdent actuellement , *ou doivent poſſéder*
» *en vertu du traité d'alliance fait à Turin en*
» *1703* ; des traités de paix d'Utrecht & de
» Bréda ; du traité de paix & d'alliance , com-
» munément appellé la quadruple alliance ;
» du traité de pacification & d'alliance , con-
» clu à Vienne , le 10 mars 1731 ; de l'acte
» de garantie donné en conſéquence & paſſé
» en loi de l'Empire , le 11 février 1732 ; de
» l'acte d'acceſſion ſigné pareillement en con-
» ſéquence à La Haye , le 20 février 1732 ;
» du traité de paix ſigné à Vienne , le 18 no-
» vembre 1738 ; de l'acceſſion qui y a été
» faite & ſignée à Verſailles , le 3 février 1739 :
» tous leſquels traités ſont pleinement rappel-
» lés & confirmés ici , autant qu'ils peuvent
» concerner les alliés , & qu'ils n'y ont pas
» dérogé ſpécialement par le préſent traité ».
Quiconque lit cet article avec impartialité , doit
y trouver le germe d'une alliance offenſive ,
préparée contre le roi de Pruſſe. La reine de
Hongrie ſe fait garantir des états qu'elle poſſé-
doit du temps de ces traités allégués , & qu'elle a
perdus par la ſuite. Si cette princeſſe & le roi
d'Angleterre avoient agi de bonne foi , ne de-
voient-ils pas rappeller également dans cette
alliance le traité de Breslau ? Si nous dépouillons cet article du ſtyle énigmatique dont il eſt
enveloppé , on y voit une garantie formelle

des états que l'impératrice-reine doit posséder conformément à la Pragmatique-Sanction, & par conséquent de la Siléfie. Mais l'article 13 de ce traité de Worms, auquel le roi de Pologne avoit accédé, explique même les moyens, dont la cour de Vienne se servira pour récupérer ses provinces perdues ; le voici : Art. 13. » Et aussi-tôt que l'Italie sera
» délivrée d'ennemis & hors de dangers appa-
» rens d'être envahie derechef, non-seulement
» sa majesté la reine de Hongrie pourra en
» retirer une partie de ses troupes , mais si
» elle le demande, le roi de Sardaigne lui
» fournira ses propres troupes pour les em-
» ployer à la sûreté des états de sa majesté la
» reine en Lombardie , afin qu'elle puisse se
» servir d'un plus grand nombre des siennes
» *en Allemagne* ; tout comme à la réquisition
» du roi de Sardaigne, la reine de Hongrie
» fera passer ses troupes dans les états dudit
» roi, s'il le falloit pour en défendre les pas-
» sages qu'une armée ennemie entreprendroit
» de forcer, & pour délivrer d'ennemis tous
» les états du roi de Sardaigne, & les mettre
» hors de danger d'être envahis derechef ».
Voilà donc la reine de Hongrie qui veut reti-
rer ses troupes d'Italie pour les employer en Allemagne. Contre qui sera-ce ? Contre la Saxe ? elle a fait une alliance avec le roi, électeur

de ce pays. Contre la Bavière ? elle a fi bien humilié l'empereur , qu'elle pofsède fon patri-moine. Ce ne peut donc être que contre le roi de Pruffe qu'elle médite une nouvelle guerre. Le roi d'Angleterre , felon les engagemens qu'il avoit pris par le traité de Breslau , devoit communiquer fidellement à celui de Pruffe tous les traités qu'il feroit. Il fe garda bien de rien dire de celui-ci. La raifon en étoit claire. Ce qui s'étoit forgé à Worms , & ce qui fut ratifié à Turin & à Varfovie, renverfoit tout ce que le roi d'Angleterre même avoit ftipulé par le traité de Breslau. Ces nouvelles alliances furent communiquées aux Etats-Généraux , & ce fut de La Haye qu'on apprit ce qui en faifoit la teneur. Selon les règles de la faine politique , les cours de Vienne & de Londres n'auroient pas dû démafquer fi vîte leurs deffeins. Ces cours avoient encore les armes à la main , & combattoient contre la France & l'Efpagne , de la Lombardie au Rhin, & même en Flandre. Ne pouvoit-on pas prévoir , à moins que le roi de Pruffe ne fût devenu entiérement ftupide , qu'il n'attendroit pas de fang-froid qu'on prît des mefures pour l'accabler , & que plutôt il feroit les derniers efforts pour prévenir les def-feins de fes ennemis ? Il eft évident que la Pruffe ne trouvoit plus de fûreté dans la paix de Breslau ; il falloit donc en chercher ailleurs.

La situation étoit critique. Il falloit, ou que le roi s'abandonnât au hasard des événemens, ou qu'il prît un parti violent, sujet aux plus grandes vicissitudes. Les ministres représentoient à ce prince, que quiconque se trouve bien, ne doit pas se mouvoir ; que c'est une mauvaise assertion en politique de faire la guerre pour l'éviter, & qu'il falloit tout attendre du bénéfice du temps. Le roi leur répondoit que leur timidité les aveugloit ; que c'étoit une grande imprudence de ne pas prévenir à temps un malheur, quand on a les moyens de s'en garantir ; qu'il sentoit qu'en faisant la guerre, il exposoit sa noblesse, ses sujets, son état & sa personne à des hasards inévitables ; mais que cette crise demandoit une décision, & qu'en pareils cas le plus mauvais parti étoit celui de n'en prendre aucun.

Pour voir d'un coup-d'œil les raisons que le roi crut avoir de déclarer la guerre à la reine de Hongrie, & les raisons que lui opposoient ses ministres, nous ferons usage d'un mémoire qu'il leur envoya écrit de sa main, dont voici la copie : » Pour prendre un parti judicieux, » il ne faut point se précipiter. J'ai mûrement » réfléchi sur la situation où nous nous trou- » vons, & voici les remarques que je fais sur » la conduite de mes ennemis, en la résumant » pour mieux constater leurs desseins. 1°. Pour-

» quoi par la paix de Breslau la reine de
» Hongrie s'eſt-elle ſi obſtinément opiniâtrée
» à ſe réſerver les hautes montagnes de la haute
» Siléſie, qui ſont d'un ſi modique rapport ?
» Certainement l'intérêt n'y a aucune part.
» J'y découvre un autre deſſein; c'eſt de ſe
» conſerver, par la poſſeſſion de ces montagnes,
» des chemins avantageux pour s'en aſſurer
» l'entrée lorſqu'elle le jugera à propos. 2°.
» Quelle raiſon a obligé les Autrichiens & les
» Anglois à s'oppoſer ſous main à la garantie
» du traité de Breslau, que Mardefeld négo-
» cioit à Pétersbourg., ſi ce n'eſt que cette
» garantie empêchoit ces puiſſances de rompre
» le traité ? Vous répondez que la politique
» des Anglois eſt ſimple ; qu'ils veulent m'iſo-
» ler, afin que n'ayant d'autre garantie que la
» leur, je dépende uniquement d'eux. J'oſe
» demander à meſſieurs les miniſtres, ſi ſup-
» poſant aux Anglois l'une ou l'autre de ces
» intentions, elles nous ſont favorables ou
» déſavantageuſes ? 3°. Pourquoi le lord
» Carteret ne ſe hâte-t-il pas de terminer
» les petits différens au ſujet de quelques
» frontières litigieuſes, entre le pays de Minden
» & celui de Hanovre ; pour un péage des
» Hanovriens ſur l'Elbe, enfin pour les bail-
» liages qui nous ſont hypothéqués dans le
» Mecklenbourg ? C'eſt qu'il ne ſe ſoucie

« point du tout d'établir une bonne harmonie
« entre nos deux cours. Le comte de Podewils
« suppose que la maison de Hanovre a autant
« d'intérêt que celle de Brandebourg à ter-
« miner ces différens. Pourquoi donc ne le
« fait-elle pas ? Mais le roi d'Angleterre vou-
« droit envahir le Mecklenbourg, Paderborn,
« Osnabruck, & l'évêché de Hildesheim, & il
« voit que ces vues d'agrandissement sont in-
« compatibles avec une étroite liaison entre la
« Prusse & l'Angleterre. 4°. Peut-on compter
« sur les promesses d'un prince qui manque à
« ses engagemens ? Le roi d'Angleterre promit,
« lorsqu'il assembla l'année 1743 son armée
« sur le Rhin, de ne rien entreprendre, ni
« contre les états héréditaires de l'empereur,
« ni contre sa dignité ; & à présent, conjoin-
« tement avec la reine de Hongrie, il prend des
« mesures pour le forcer à l'abdication. 5°.
« Rappellez-vous les intrigues du marquis de
« Botta à la cour de Pétersbourg ; ne tendoient-
« elles pas à remettre la famille exilée sur le
« trône ? Pourquoi ? Parce qu'il savoit que
« l'impératrice Élisabeth étoit dans nos in-
« térêts, & qu'il s'attendoit que le prince An-
« toine devant le rétablissement de sa famille
« à la cour de Vienne, il lui seroit à jamais
« dévoué, & partageroit sa haine pour tout ce
« qui est Prussien. De plus, à quel dessein fit-il

» nſage de mon nom dans cette abominable
» conjuration, ſi ce n'étoit pour me brouiller
» avec l'impératrice, au cas que ſa trame fût
» découverte.? C'étoit, dites-vous, par un
» effet de la tendreſſe que la reine de Hongrie
» a pour ſes parens. Hélas ! trouvez-moi de
» grands princes qui reſpectent les liens du
» ſang. 6°. Vous croyez qu'on ne doit pas
» mépriſer la garantie du traité de Breslau
» qu'a donnée le roi d'Angleterre. Et je vous
» réponds que toutes les garanties ſont comme
» des ouvrages de filigrane, plus propres à ſatis-
» faire les yeux, qu'à être de quelque utilité.
» 7°. Mais je veux bien vous abandonner tout
» ce que je viens de vous marquer. Vous ſera-
» t-il poſſible de donner une bonne interpré-
» tation au traité de Worms & à celui de
» Varſovie ? Le langage des miniſtres Autri-
» chiens eſt que ce traité n'a pour objet que
» l'Italie. Liſez les deux articles que j'ai cités,
» & vous verrez clairement qu'ils regardent
» en général l'Allemagne, & qu'en particulier
» ces articles m'ont directement en vue. 8°.
» Cette alliance avec la Saxe eſt encore moins
» innocente ; elle livre aux Autrichiens un
» paſſage & des ſecours pour m'attaquer dans
» mes propres foyers. Vous ſoutenez que cette
» alliance ne s'eſt faite que pour procurer des
» préſens réciproques aux miniſtres qui ſont

» à la tête des affaires dans les deux cours.
» En vérité je ne m'y attendois pas ; il faut
» avouer que vous avez l'efprit tranfcendant.
» 9º. Voici une autre queftion : Attendra-
» t-on que la reine de Hongrie foit délivrée de
» tous fes embarras, qu'elle ait la paix avec
» les François, qu'elle force l'empereur à l'abdi-
» cation? Attendra-t-on, dis-je, qu'elle puiffe
» fe fervir de toutes fes forces, de celles des
» Saxons & de l'argent de l'Angleterre, pour
» nous attaquer avec tous ces avantages au
» moment que nous ferons dépourvus d'alliés,
» & que nous n'aurons d'autres reffources
» que celles de nos propres forces ? Vous fou-
» tenez que la reine de Hongrie ne terminera
» pas cette guerre dans une feule campagne,
» que fes pays font ruinés, fes revenus arriérés
» de dix ans, & qu'elle ne fentira fon épuife-
» ment qu'après la paix. Je réponds que tout
» le monde ne convient pas que fes finances
» foient auffi épuifées que vous le fuppofez.
» De vaftes états lui fourniffent de grandes
» reffources. Qu'on fe fouvienne qu'à la fin de
» la guerre de fucceffion , guerre qui avoit
» englouti des tréfors, l'empereur Charles VI
» foutint encore toute une campagne contre
» les François fans fubfides étrangers, lorfque
» la reine Anne fit la paix d'Utrecht féparé-
» ment. Faut-il attendre qu'Annibal foit aux

» portes pour fe déclarer contre lui ? Qu'on
» fe foûvienne qu'en l'année 1733 , le comte
» Zintzendorff parioit que les François ne
» pafferoient pas le Rhin , pendant qu'ils bom-
» bardoient & prenoient Kéhl. La fécurité
» ajoute que lorfque le feu roi acquit la
» Poméranie ultérieure , tout le monde crut
» que la Suède feroit revivre tôt ou tard fes
» droits fur cette province , & cependant cela
» n'arriva pas. Cette comparaifon eft fauffe ,
» & ce raifonnement tombe de lui - même.
» Comment mettre en parallèle un royaume
» ruiné , épuifé & démembré comme la Suède ,
» avec la puiffante maifon d'Autriche , qui loin
» d'avoir fait des pertes , médite actuellement
» des conquêtes ? Les partifans outrés de la
» reine de Hongrie , foutiennent qu'il n'y a
» point d'exemple que la maifon d'Autriche ait
» commencé une guerre pour récupérer des
» provinces perdues. Il ne faut citer de tels
» faits qu'à des ignorans. Cette maifon n'a-
» t-elle pas voulu reconquérir la Suiffe ? Com-
» bien de guerre n'a-t-elle pas faites pour
» rendre la Hongrie héréditaire ? Et quelle
» étoit cette guerre entreprife par Ferdinand II
» pour chaffer Fréderic V , électeur Palatin , de
» la Bohème , dont il avoit été élu roi par les
» vœux des peuples ? Ne fut-ce pas une guerre
» fanglante que la maifon d'Autriche fit à Beth-

» lem Gabor pour lui ravir la Tranfylvanie ?
» Enfin qu'eft-ce qui excite à préfent la reine
» de Hongrie à preffer les François avec tant
» d'ardeur, fi ce n'eft l'efpérance de recon-
» quérir l'Alface, la Lorraine, & de détrôner
» l'empereur ? Raifonnoit-on bien à Vienne,
» quand on difoit : Il eft impoffible que le roi de
» Pruffe nous attaque, car aucun de fes aïeux
» ne nous a fait la guerre ? Ne nous trompons
» point : les exemples du paffé, fuffent-ils
» même vrais, ne prouvent rien pour l'avenir.
» Cette affertion-ci eft plus fûre : tout ce qui
» eft poffible peut arriver. 10º. Pour fortifier
» tous ces argumens par des preuves plus pal-
» pables, je n'ai qu'à vous rappeller un propos
» que Mr. de Molé, général Autrichien paf-
» fant par Berlin, tint à Mr. de Schmettau :
» *Ma cour n'eft pas affez mal avifée pour atta-*
» *quer la Siléfie ; nous fommes alliés avec la cour*
» *de Dresde ; le chemin de la Luface mène à*
» *Berlin le plus directement ; c'eft là où il nous*
» *convient de faire la paix.* Vous direz que
» Molé parloit au hafard. Mais voyez ce qui
» confirme que le deffein de faire la paix à
» Berlin étoit celui de la cour de Vienne. Le
» prince Louis de Brunfwick avoit entendu
» parler de ce même plan à la reine de Hongrie,
» au fervice de laquelle il étoit ; il en avoit
» fait confidence à fon frère le duc régnant, &

» celui-là me l'avoit communiqué. Un aveu
» de la bouche de l'ennemi tient lieu d'une
» démonſtration. Je conclus que nous n'avons
» rien à gagner en attendant, mais tout à per-
» dre ; qu'il faut donc faire la guerre, & qu'il
» vaut mieux, s'il le faut, périr avec honneur,
» que de ſe laiſſer accabler avec honte, quand
» on ne peut plus ſe défendre ».

Cependant le roi ne ſe précipita point. Le temps n'étoit pas encore venu d'éclater ; il attendoit des conjonctures favorables, pour le faire avec tout l'avantage poſſible. Dans ce temps là l'empereur croyant ſes affaires déſeſpérées, envoya le comte de Seckendorff à Berlin, pour engager le roi de Pruſſe à le ſoutenir. Seckendorff ſe croyoit aſſez fort pour obliger la Saxe à changer de parti. Il aſſura que les François agiroient avec vigueur, que leurs intentions étoient ſincères : il preſſa beaucoup le roi de ſe déclarer ; l'heure n'en étoit pas encore venue, & il lui fit la réponſe contenue dans ces points :

1°. Avant de s'engager avec l'empereur & la France, ſa majeſté regarde comme un préalable que l'alliance du roi avec la Ruſſie & la Suède ſoit conclue. 2°. La Suède promettra de faire une diverſion dans le pays de Brème, en même temps qu'une armée Françoiſe attaquera le pays de Hanovre. 3°. La France promettra d'agir

offenſi-

offenfivement fur le Rhin , & de pourfuivre
vivement les Autrichiens , lorfque la diverfion
que le roi fe propofe de faire les attirera en
Bohème. 4°. La Bohème fera démembrée des
états de la reine de Hongrie, & le roi en poffédera
les trois cèreles les plus voifins de la Siléfie.
5°. Les puiffances alliées ne feront point de paix
féparée , mais refteront conftamment unies pour
travailler à l'abaiffement de la nouvelle maifon
d'Autriche. L'article des conquêtes n'étoit
ajouté à ce projet qu'à tout hafard , au cas que
la fortune favorisât cette entreprife. Il étoit pru-
dent de s'accorder d'avance fur un partage qui
dans la fuite auroit pu brouiller les alliés.

Ces mefures fe prenoient cependant avec
beaucoup de circonfpection. Le roi connoiffoit
la molleffe des François dans leurs opérations
de guerre , & le peu d'attachement qu'ils avoient
montré pour les intérêts de leurs alliés ; il n'y
avoit que la néceffité qui pût amener cette nouvelle liaifon. Il falloit fe préparer aux oppofitions
qu'on éprouveroit de la part de l'Angleterre ,
gouvernée par un roi vindicatif & un miniftre
fougueux. Le parlement avoit accordé au roi
toutes les fommes qu'il lui avoit demandées :
foutenu de ces richeffes , le roi pouvoit faire
fortir des armées de terre , & porter la guerre
jufqu'au bout du monde. Cependant ces premières propofitions d'alliance ne furent pas re-

çues à Verfailles avec l'accueil auquel on devoit
s'attendre. On continua néanmoins à négocier,
pour conduire cette crife politique à une heureufe fin. Deux pédans, l'un François & l'autre
Allemand, s'étoient avifés de former un projet
d'affociation pour les cercles de l'Empire; l'un
étoit le fieur de Chavigni, & l'autre le fieur de
Bunau; ils y procédèrent avec toutes les ref-
trictions des formalités, felon les loix de l'Empire & la bulle d'or : cet ouvrage lourd & pefant
fût auffi-tôt oublié que lu. Au-lieu de penfer à
cette affociation, la cour de Verfailles prit,
moyennant des fubfides, les troupes Heffoifes au
fervice de l'empereur. Cela dérangea les mefures du roi d'Angleterre, qui comptoit de les
joindre à fon armée. On effaya encore de diffuader le duc de Gotha de donner fes troupes
aux puiffances maritimes; cela ne réuffit pas,
car le duc avoit déjà reçu des fubfides. Le miniftère de Verfailles étoit nouveau; il s'étoit
peu mis au fait des affaires, de forte qu'il attri-
buoit la paix féparée que le roi avoit faite avec la
reine de Hongrie à la légéreté de fon efprit. Un
préalable néceffaire, dès qu'on vouloit fe lier
avec la France, étoit de rectifier les idées des
miniftres fur ce point. Le baron de Chambrier,
depuis vingt ans miniftre de Pruffe à la cour de
Verfailles, étant âgé, & n'ayant pas affez de liai-
fons avec les gens en place, pour fe fervir auprès

du roi de leur crédit, avoit d'ailleurs peu traité de grandes chofes, & étoit fcrupuleufement circonfpeét. Cela fit juger au roi qu'il falloit envoyer quelqu'un à cette cour qui fût plus délié & plus aétif, pour favoir à quoi s'en tenir avec elle. Son choix tomba fur le comte de Rottembourg. En 1740, il avoit paffé du fervice de France à celui de Pruffe ; il étoit en liaifon de parenté avec tout ce qu'il y avoit de plus illuftre à la cour ; il pouvoit par ces raifons fe procurer des connoiffances qui auroient échappé à d'autres, & par conféquent informer le roi de la façon de penfer de Louis XV, de fes miniftres & de fes maîtreffes ; car il falloit une bouffole pour s'orienter. Le trop grand feu du comte de Rottembourg étoit tempéré par le flegme de Mr. de Chambrier ; tous deux pouvoient rendre des fervices utiles à l'état. Le comte de Rottembourg partit donc pour Verfailles. Il fit faire fes premières infinuations par le duc de Richelieu & par la ducheffe de Châteauroux : on l'envoya à Mr. Amelot, miniftre des affaires étrangères, qui ne paffoit pas pour partifan de la Pruffe. Mais le cardinal Tencin, le maréchal de Belle-Isle, d'Argenfon, miniftre de la guerre, Richelieu, & la maîtreffe du roi fe déclarèrent pour le comte de Rottembourg. Les articles propofés au maréchal de Seckendorff fervirent de bafe à la négociation qui s'entama avec la France,

On infiftoit le plus fur ce que l'armée Françoife de l'Alface pourfuivît les Autrichiens &
leur reprît la Bavière, & qu'une autre armée
Françoife entrât en même temps en Weftphalie. Le roi de fon côté fe réfervoit de n'entrer
en jeu qu'après avoir conclu fon alliance avec
la Suède & la Ruffie. Ce dernier article lui
laiffoit la liberté d'agir ou de n'agir pas, felon
que les événemens lui paroîtroient favorables
ou contraires. Il fe flattoit de fufpendre encore
le moment de la rupture ; mais la tournure que
prirent les affaires générales, ainfi que les fuccès des armées Autrichiennes en Alface, l'obligèrent bientôt à fe déclarer contre la reine de
Hongrie. L'alliance des Pruffiens étoit tout
ce qui pouvoit arriver alors de plus avantageux
à la France. Son propre intérêt devoit le plus
fortement l'animer à faciliter ces arrangemens ;
mais qui peut compter fur le fyftême d'une
cour gouvernée & balottée par des intrigues,
& fur la vigueur & l'activité des troupes, lorfque des généraux timides & fans nerf les com-
mandent ? Vers l'été de la même année, le
comte de Teffin vint à Berlin, en qualité
d'ambaffadeur de Suède, demander la princeffe
de Pruffe Ulrique en mariage pour le prince
de Holftein, élu fucceffeur au trône de Suède.
Il étoit fuivi par la fleur de la nobleffe ; il avoit
toutes les qualités qu'il faut pour la repréfen-

tation, de la dignité, même de l'éloquence,
mais l'efprit frivole & fuperficiel. Les nôces
fe célébrèrent à Berlin avec magnificence. Le
prince Guillaume, frère du roi, époufa la princeffe par procuration du prince royal. On remar-
qua plus de magnificence dans ces fêtes que dans
les précédentes ; tenir un jufte milieu entre la
frugalité & la profufion, eft ce qui convient à
tous les princes. Mais pendant qu'on danfoit
& fe réjouiffoit à la cour, on travailloit aux
préparatifs de la campagne, qu'on étoit fur le
point d'ouvrir.

Août

---

# CHAPITRE IX.

*Campagnes d'Italie, en Flandre, fur le Rhin,
& enfin celle du Roi.*

LA campagne d'Italie s'ouvrit au mois d'avril 1744,
par le paffage du Tanaro, & la prife de Nice
& de Villefranche. Les généraux François &
Efpagnols ne purent s'accorder fur leurs opérations ultérieures. Le prince de Conti prétendoit que les paffages qui conduifent de Nice
en Piémont n'étoient pas praticables, & qu'il
falloit chercher d'autres chemins pour y pénétrer. Dans cette vue il enfile le col de Tende,

E 3

attaque les troupes Savoyardes à Montalbon,
force leurs barricades & la nature même, prend
d'affaut le fort Dauphin, & pénètre ainfi en
Piémont. Il faut avouer que ce début de campagne eft un des plus brillans qu'on ait vus
dans cette guerre. Le prince de Conti avance ;
il affiège Coni. Le roi de Sardaigne, pour faire
lever ce fiège, marche à lui. Conti le bat ; mais
la crue des eaux, la vigoureufe réfiftance des
affiégés, & le manque de fubfiftances, obligent
ce prince à lever le fiège & à fe retirer en
Savoie, après avoir fait fauter les fortifications
de Démont. Cette campagne fit plus d'honneur
à fes talens qu'elle ne fut utile à la France.
Le prince de Lobkowitz, qui alors étoit en
pleine marche pour attaquer le roi de Naples,
informé des fuccès du prince de Conti, fe dé-
contenance : il défefpère de fa fortune, fe retire
à Monte Rotondo, & delà à Florence, toujours talonné par Dom Carlos & le marquis
de Gages. Nous fupprimons les petits avantages que les François & les Efpagnols eurent
fur les Autrichiens, pour en venir aux expédi-
tions maritimes. Les flottes Françoifes & Ef-
pagnoles fortirent au commencement du printemps de la rade de Toulon ; elles attaquèrent
dans la Méditerranéé la flotte Angloife com-
mandée par l'amiral Matthews. Après la bataille,
les François & les Efpagnols fe retirèrent à

Carthagène, & les Anglois à Port-Mahon. L'action fut sans doute indécise, puisque les deux flottes se retirèrent ; cependant elle ne laissa pas de faire honneur à l'amiral Espagnol Navaro & au capitaine François. La cour de France envoya l'amiral Court en exil, & en punissant différens officiers qui avoient servi sur cette flotte, elle témoigna son mécontentement. De leur côté, les Anglois traduisirent l'amiral Matthews devant le conseil de guerre ; le vice-amiral fut conduit en prison : les deux partis étoient donc aussi peu satisfaits l'un que l'autre d'une bataille indécise, dont les François & les Anglois eurent la honte, & les Espagnols la réputation. Ces actions de mer n'étoient que le prélude des grands coups que la cour de Versailles se proposoit de frapper dans cette campagne. Son objet capital étoit d'obliger les Anglois à rappeller dans leur isle les troupes qu'ils avoient en Flandre. Pour cet effet, avant même l'ouverture de la campagne, le comte de Saxe conduisit à Dunkerque 10,000 hommes ; le fils du prétendant, nommé le prince Édouard, s'y rendit aussi. On fit des préparatifs pour un embarquement. L'Angleterre alarmée appella des secours étrangers ; 6,000 Hollandois & 6,000 Anglois des troupes du lord Stairs furent transportés dans ce royaume. Les Hollandois, qui manquoient de vaisseaux de guerre, armèrent des vaiffeaux marchands, & les envoyèrent à leurs alliés pour remplir leurs engagemens. Le roi de la Grande-Bretagne, faifi d'épouvante, réclama même le contingent pruffien. Le roi répondit qu'il fe mettroit à la tête de 30,000 hommes pour paffer dans cette isle, fi le roi étoit attaqué. George trouva ce fecours trop fort & fe défifta de fes pourfuites. C'étoit pour l'Europe un problême politique que les intentions du confeil de Verfailles dans cette entreprife. Vouloit-il établir le prince Edouard en Angleterre, ou étoit-ce un leurre pour affoiblir les troupes alliées en Flandre ? Ces fimples préparatifs d'une defcente produifirent aux François, pour le commencement de la campagne, tout ce qu'auroit produit une diverfion réelle. Pour ce qui regarde le projet d'établir le prince Édouard en Angleterre, il avoit été formé par le cardinal Tencin ; il tenoit fon chapeau de la nomination du prétendant, & pour lui témoigner fa reconnoiffance, il effaya, autant qu'il étoit en lui, de procurer à fon fils la couronne d'Angleterre. L'expédition manqua, parce que les vents furent contraires : excufe banale de tous les marins. Ce qu'il y a de fûr, c'eft que l'amiral de cette flotte, nommé Roquefeuille, n'ofa tenter le paffage de la Manche en préfence d'une flotte fupérieure. Les troupes Françoifes n'avoient point vû de roi à leur tête depuis

que Louis XIV avoit ceffé d'y paroître. Quelques campagnes malheureufes avoient découragé les armées : on crut que la préfence du
maître feroit le feul aiguillon capable de réveil-
ler dans les troupes l'inftinct de l'honneur &
de la gloire. Une femme, par amour pour la
patrie, entreprit de tirer Louis XV de la vie
oifive qu'il menoit, pour l'envoyer comman-
der fes armées : elle facrifia à la France les intérêts de fon cœur & de fa fortune ; c'étoit
madame de Châteauroux. Elle parla avec tant
de force, elle exhorta, elle preffa fi vivement
le roi, que le voyage de Flandre fut réfolu.
Une action auffi généreufe & même héroïque,
mérite d'autant plus d'être inférée dans les
faftes de l'hiftoire, que les maîtreffes qui l'ont
précédée, n'ont employé leur crédit que pour
le malheur du royaume. Louis XV ouvrit la
campagne en Flandre par le fiège de Menin.
Le gouverneur de la place, peu verfé dans
fon métier, la rendit après une légère réfiftance. Immédiatement après, les François entre-
prirent le fiège d'Ypres, qui quoique mieux
défendue, effuya le même deftin. La force
des armes Françoifes confifte dans les fièges ;
ils ont les plus habiles ingénieurs de l'Europe ; l'artillerie nombreufe qu'ils emplôient
dans leurs opérations, les affure de la réuffite
de leurs entreprifes. Le Brabant & la Flandre

font le théâtre de leurs exploits, parce qu'ils y peuvent étaler tout l'art de leurs ingénieurs. Quantité de canaux & de rivières facilitent le tranfport de leurs munitions de guerre, & ils ont leurs frontières à dos. Ils réuffiffent mieux dans la guerre de fièges que dans celle de campagnes.

Mais revenons aux alliés que nous avons quittés pour un temps. Les troupes que le roi d'Angleterre avoit commandées l'année précédente, avoient hiverné, comme nous l'avons dit, dans le Brabant & en Weftphalie. Les troupes du prince de Lorraine avoient pris leurs quartiers dans le Brisgau & dans la Bavière. Le maréchal de Coigni commandoit en Alface. Les débris des troupes impériales étoient diftribués chez des amis de l'empereur, la plupart cependant aux environs d'Oettingen. La cour de Vienne perdit cet hiver le maréchal de Khevenhuller : la reine de Hongrie honora fa mémoire de quelques larmes. Le maréchal Traun le remplaça, & reçut le commandement de la grande armée, qui portoit le nom du prince de Lorraine, mais dont en effet il étoit le chef. Comme ce prince de Lorraine jouera un grand rôle dans cette hiftoire, nous croyons qu'il ne fera pas inutile de le faire connoître. Il étoit brave, aimé des troupes, poffédoit bien le détail des vivres, étoit peut-être trop facile à fuivre les impref-

fions que fes favoris lui donnoient , & fe livrant
aux charmes de la fociété , paffoit pour boire
quelquefois avec excès. Ce prince époufa à
Vienne l'archiducheffe Marianne , fœur cadette
de la reine ; il conduifit fa nouvelle époufe
dans le Brabant , dont on l'avoit fait gouverneur ; après quoi il revint à Vienne recevoir
les ordres de la cour , pour la campagne qui
alloit s'ouvrir. Le deffein des Autrichiens étoit
de reprendre la Lorraine , & de porter l'empereur à l'abdication de l'Empire , pour recou-
vrer par ce facrifice fes pays héréditaires.
Leur armée s'affembla à Heilbronn ; delà elle
s'avança fur Philipsbourg , où Seckendorff
s'étoit réfugié avec les débris des troupes Bava-
roifes. A la nouvelle de l'approche du prince
de Lorraine, Mr. de Coigni renforça les troupes
impériales de tous les régimens Allemands qui
fervoient dans fon armée. Tous les préparatifs du prince de Lorraine annonçoient qu'il
avoit intention de paffer le Rhin ; ce paffage
lui étoit facilité par le traité que le roi d'Angleterre venoit de conclure avec l'électeur de
Mayence. La partialité de ce prince pour la
cour de Vienne étoit trop marquée , pour qu'on
s'y trompât , & les fubfides qu'il tiroit des
Anglois ne laiffoient aucun doute , que , malgré
fa neutralité , il n'accordât aux troupes de la reine
le paffage par Mayence , fi on l'exigeoit de lui.

Les Autrichiens, qui jouiſſoient déjà en imagination de leur fortune, ne pouvoient s'empêcher de laiſſer échapper de temps en temps des traits de fierté & d'arrogance. Ils faiſoient conſtruire un pont à Manheim, & agiſſoit deſpotiquement dans le Palatinat. L'électeur s'en trouva offenſé, comme de raiſon. Cela donna lieu à des brouilleries, & finit par un meſſage du prince de Lorraine à l'électeur, pour lui ſignifier que s'il ne donnoit pas ſon pont de Manheim ſur le champ, il le lui feroit enlever de force. En attendant le maréchal de Coigni, dont l'intention étoit de défendre les bords du Rhin, depuis Mayence juſqu'à Fort-Louis, s'étoit poſté avec ſes forces principales ſur les bords de la Queich, d'où il s'avança vers Spire, & pouſſa ſes détachemens juſqu'à Worms, & même juſqu'à Oppenheim. Ce mouvement ſe fit ſur ce qu'il apprit que Mr. de Bærenklau, avec un détachement de l'armée de la reine, avoit marché à Germersheim, vers Fribourg. Bærénklau fit jeter un pont ſur un bras du Rhin, près de Stockſtadt, pour donner le change aux François, & les attirer de ce côté là. En même temps le prince de Lorraine fit un mouvement avec ſon armée, comme s'il avoit intention de paſſer le Necker avec ſa droite, pour ſe joindre à Bærenklau. Le maréchal de Coigni, trop cré-

feule, fe laiffa abufer par ces vaines démonf-
trations, & commit deux fautes tout de fuite ;
l'une en faifant paffer le Rhin à Seckendorff,
qu'il chargea de défendre la partie de ce fleuve,
qui coule entre Spire & Lauterbourg ; l'autre
en fe portant avec fon armée vers Worms &
Frankenthal. Il lui étoit facile de juger que le
prince de Lorraine avoit réfolu de pénétrer
en Alface, & d'ufer de toutes les rufes de la
guerre pour l'en éloigner le plus qu'il lui feroit
poffible. Il devoit favoir d'ailleurs que ce prince
pouvoit difpofer du pont de Mayence, à quoi
l'armée Françoife n'étoit en état de porter
aucun obftacle. Il femble que fon projet de défenfe étoit défectueux en tout point. Son armée
étoit féparée par corps, qui n'occupoient pas
même les vrais poftes d'où ils auroient pu difputer aux ennemis le paffage du Rhin. Les
experts ont été de l'opinion qu'il auroit dû raffembler en un corps les troupes tant impériales
que Françoifes ; qu'il devoit fe camper entre la
Queich & le Speyerbach , garnir de petits
détachemens les bords du Rhin, depuis Fort-
Louis jufqu'à Philipsbourg, faire battre l'eftrade par cette cavalerie, pour être averti à
temps de l'endroit où les ennemis fe préparoient
à paffer, tenir fes troupes prêtes à marcher au
premier ordre, & attaquer fans balancer avec
toutes fes forces le premier corps Autrichien

qui auroit paſſé le Rhin. Si le prince Charles paſſoit ce fleuve à Mayence, il reſtoit à Mr. de Coigni à choiſir les poſtes de la Queich ou du Speyerbach, que le prince n'auroit oſé attaquer. De plus, Mr. de Coigni couvroit également par cette poſition la baſſe Alſace & la Lorraine. Ce maréchal, dont l'armée n'étoit pas auſſi forte que celle des ennemis, & qui avoit des ordres trop reſtreints, prit des meſures bien différentes. Dès que le prince de Lorraine & Traun furent informés des fauſſes démarches des François, ils détachèrent Mr. de Nadaſti par leur gauche, avec tous les bateaux qu'ils avoient aſſemblés à la ſourdine, pour jeter des ponts ſur le Rhin à un village appellé Schreck. Nadaſti fit auſſi-tôt paſſer le Rhin en bateau à 2,000 pandours, ſous les ordres du partiſan Trenck; ils ſurprirent & défirent un détachement de trois régimens impériaux, qui par une négligence impardonnable, ne s'étoient en aucune manière précautionnés contre les ſurpriſes. Nadaſti lui-même avoit déjà paſſé le Rhin à la tête de 9,000 houſards, tandis que l'on achevoit tranquillement derrière lui la conſtruction des ponts. Au bruit de ce paſſage, Seckendorff avec 20,000 hommes ſe joignit à un corps de François que le jeune Coigni commandoit; ils volèrent au ſecours de ces trois régimens impériaux dont nous avons fait mention, avant que le

1 Juillet<br>1774.

prince de Waldeck eût levé fon camp de Retin-
gheim pour joindre Nadafti. Tous les officiers
de cette armée conjurèrent Seckendorff d'attaquer Nadafti, qu'il auroit pu facilement culbuter
dans le Rhin ; par ce feul coup, il auroit anéanti
les deffeins du prince de Lorraine. Seckendorff
ne voulut jamais s'y prêter ; il fe contenta d'engager une légère efcarmouche avec les Hongrois ; & comme il apprit que le maréchal de
Coigni s'étoit retiré à Landau, il marcha par
Germersheim pour le joindre au plutôt. Dès le
2 de juillet, le prince de Lorraine fe vit maître
du cours du Rhin, depuis Schreck jufqu'à
Mayence. Nadafti & le prince de Waldeck
étoient déjà à l'autre bord. Bærenklau avoit de
même paffé ce fleuve du côté de Mayence. Le
prince de Lorraine employa trois jours à paffer
fes ponts avec la grande armée. A peine y eut-
il une tête fur l'autre bord, qu'il envoya un
détachement pour prendre Lauterbourg, &
s'emparer de fes lignes. Nadafti pouffa jufqu'à
Weiffenbourg ; il le prit de même, & fe pofta
dans fes lignes ; les Autrichiens firent 1600 prifonniers dans cette expédition. Mr. de Coigni
s'apperçut alors combien il lui importoit de
gagner la baffe Alface avant le prince de Lorraine, & il le prévint en prenant Weiffenbourg
par efcalade, & en forçant les retranchemens,
où il éprouva une réfiftance vigoureufe. Na-

dafti , délogé de ce pofte , fe retira fur la grande armée qui campoit auprès de Lauterbourg , & qui n'ofa fecourir Weiffenbourg , parce que les détachemens de Bærenklau & de Léopold Daun ne l'avoient pas encore jointe. Mr. de Coigni tira parti de ces délais , & de la crue du Rhin qui empêchoit la jonction des corps ennemis ; il paffa la Motter auprès de Haguenau , & fe campa à Bischweiler. L'éloignement de Mr. de Coigni fit naître l'idée au prince de Lorraine de bloquer Fort - Louis , qu'on difoit mal-approvifionné. En conféquence, Nadafti & Bærenklau prirent pofte à Wœrd , à Beinheim , & fur les isles qui entourent Fort-Louis. La crue du Rhin fauva cette place : la garnifon regagna la communication de Strasbourg ; on la renforça, & on la pourvut de vivres. Ce coup manqué, le prince de Lorraine porta fes troupes légères fur les ailes de l'armée Françoife & dans le bois de Haguenau , ce qui empêchoit celle-ci d'envoyer des partis au-delà de la Motter. Le maréchal de Coigni embarraffé de la fituation où il fe trouvoit , en avoit informé la cour. Louis XV, pour fauver l'Alface, réfolut de mener lui-même 40,000 hommes de l'élite de fon armée de Flandre , au fecours de Mr. de Coigni , à qui l'on ordonna de temporifer , & fur-tout de conferver fes troupes. Ce fut ce qui détermina Mr. de Coigni à changer de mefures ,

&

& à éviter tout engagement. Nadasti, renforcé de troupes réglées, commençoit à s'étendre vers les hauteurs de Reichshofen & Wasenbourg, comme s'il avoit dessein de tourner le camp François par Lichtenberg & Buchsweiler; sur quoi Mr. de Coigni se retira par Brumat à Strasbourg. Il se posta sur le canal de Molsheim, qu'il abandonna bientôt pour gagner les défilés de Pfalzbourg & de Ste-Marie-aux-Mines. Il fit ces mouvemens pour empêcher le prince de Lorraine, qui étoit à Brumat & qui faisoit construire des ponts sur la Motter, d'occuper les gorges des montagnes par lesquelles l'armée du roi devoit passer pour le joindre. Le roi de France étoit arrivé le 4 d'août à Metz, où il attendoit les troupes de Flandre, pour fondre à leur tête sur l'armée du prince de Lorraine & la détruire s'il étoit possible. Le maréchal de Schmettau avoit été envoyé par le roi de Prusse auprès de Louis XV, tant pour rendre compte des mouvemens de l'armée Françoise, que pour presser le roi de remplir ses engagemens, en poursuivant jusqu'en Bavière les troupes de la reine, lorsqu'elles repasseroient le Rhin. Schmettau apprit au roi très-chrétien que le roi de Prusse entreroit en campagne le 17 d'août, & qu'il employeroit 100,000 hommes à la diversion qu'il alloit faire en faveur de l'Alsace. Ce maréchal mit tout en usage pour

31 Juillet.

donner aux armées Françoiſes plus d'activité & de vigueur ; & peut-être y ſeroit-il parvenu, ſi Louis XV ne fût pas tombé malade à Metz. Cette maladie commença par des maux de tête, que ſes médecins & chirurgiens crurent provenir d'un abcès dans le cerveau ; ils déclarèrent le mal ſans reſſource. Auſſi-tôt on entoura le roi de confeſſeurs, de prêtres, & de tout l'attirail dont ſe ſert l'Égliſe Romaine pour envoyer les moribonds dans l'autre monde. L'évêque de Soiſſons, fanatique imbécille, ne vendit ſes Huiles & ſes Sacremens à ſon maître qu'à condition qu'il ſacrifieroit madame de Châteauroux. La ducheſſe fut obligée de partir de Metz, ayant reçu l'ordre rigoureux de ne jamais reparoître devant le roi. Ce ne fut ni l'Extrême-Onction ni les Sacremens qui ſauvèrent la vie à ce prince. Un chirurgien très-ordinaire ſe préſenta, & aſſura qu'il le tireroit d'affaire, pourvu qu'on lui donnât la liberté d'agir ; il ne trouva point de concurrent, & moyennant une bonne doſe d'émétique, ce prince releva de cette maladie, qui n'avoit été cauſée que par une indigeſtion. Les médecins de la cour perdirent leur réputation ; mais les affaires générales en ſouffrirent davantage. Pendant la maladie du roi, le duc de Harcourt étoit arrivé à Pfalzbourg. Nadaſti avoit déjà pris Saverne, & ſe diſpoſoit à pénétrer par les gorges que

le duc occupoit, mais infructueufement : quoique fouvent attaqué, le duc y tint jufqu'au
16, que le fecours de Flandre s'approcha pour
joindre l'armée. Le prince de Lorraine avoit
déjà reçu l'ordre de fe retirer ; il prenoit des
mefures pour l'exécuter, & il ne tenoit qu'au
maréchal de Noailles d'en profiter ; mais, fa
circonfpection outrée gâta tout ; Schmettau
perdoit fa peine & fon temps à l'encourager.
Et quel rifque couroit la France ? Quand Mr.
de Noailles auroit été battu, les troupes de
la reine étoient également obligées de quitter
l'Alface, & fi les François étoient victorieux,
ils détruifoient l'armée Autrichienne, qui vivement pourfuivie, au-lieu de repaffer fes ponts
du Rhin, fe feroit noyée dans ce fleuve. Alors
les François & les Bavarois s'avancèrent à pas
lents vers Hochfeld, où Nadafti s'étoit déjà
retiré. Noailles fit trois détachemens fur la
Motter, & il apprit par Mr. de Lœwendahl,
qui avoit marché vers Drufenheim, que les
Autrichiens avoient abandonné leur camp de
Brumat, pour s'approcher de leurs ponts de
Beinheim. Le comte de Belle-Isle fut alors
envoyé de Suffelsheim avec un corps ; les François pafsèrent la Motter & fuivirent les Autrichiens. Mr. de Belle-Isle obligea l'ennemi à
quitter le village de Suffelsheim avec perte, &
Mr. de Noailles fe mit en marche pour joindre

Mr. de Lœwendahl. Le foir même les grenadiers François attaquèrent le village d'Achen-
heim, défendu par des grenadiers Autrichiens
& des troupes Hongroifes. Les François emportèrent le village & s'amusèrent à des formalités
fuperflues, tandis que le prince de Lorraine
mit ce temps à profit pour repaffer le Rhin
fur fes ponts de Beinheim, qu'il rompit avant
l'aube du jour. Les François firent fonner cette
affaire fort haut : c'étoient des rodomontades ;
la perte de part & d'autre ne monta pas à 600
hommes, & le prince de Lorraine continua
paifiblement fa marche par la Souabe & le haut
Palatinat, pour entrer en Bohème. Schmettau,
qui étoit auprès de la perfonne du roi, étoit
défefpéré de la molleffe des François. Il préfentoit des mémoires au roi, il preffoit les miniftres, il écrivoit aux maréchaux ; mais il eût
plutôt tranfporté des montagnes que de tirer
cette nation de fon engourdiffement. Le moment
décifif où les François pouvoient ruiner l'armée
de la reine étant paffé fans qu'ils daignaffent
en profiter, Schmettau tâcha de diffuader les
maréchaux du deffein qu'ils avoient de mettre
le fiège devant Fribourg ; ce fut encore en
vain. Tout ce qu'il put obtenir, ce furent quelques renforts de troupes Allemandes, qu'on
s'engagea de donner aux troupes impériales,
pour que Mr. de Seckendorff pût déloger les

Autrichiens de la Bavière. La cour promit
qu'au printemps de l'année 1745 on porteroit
ces troupes au nombre de 60,000 hommes.
Ainſi dès le commencement de l'alliance des
Pruſſiens & des François, ces derniers manquèrent aux deux articles principaux de leur
traité. Ils laiſsèrent échapper le prince de Lorraine ſans le pourſuivre, & cette armée qu'ils
devoient envoyer en Weſtphalie, n'y parut
point. Cependant Mr. de Seckendorff marcha
peſamment & à pas comptés pour s'approcher
du Lech, & Louis XV, à la tête de 70,000
François, fit le ſiège de Fribourg, prit cette
place à la fin de la campagne, & en fit raſer
les fortifications.

Les avantages du prince de Lorraine en
Alſace engagèrent le roi de Pruſſe à ſe déclarer plutôt qu'il ne l'avoit projeté. Il étoit fort
à craindre que l'aſcendant des troupes Autrichiennes ne forçât les François à en paſſer par
les conditions que l'arrogance de ces ennemis
leur voudroit preſcrire ; & dans ce cas il n'étoit
pas douteux que la reine n'eût employé toutes
ſes forces pour reprendre la Siléſie. Cependant
les arrangemens politiques que la cour de Berlin s'étoit propoſé de prendre, étoient encore
bien éloignés de ſe réaliſer. Le comte de Beſtuchew, qui ſe crut affermi depuis qu'il avoit
fait chaſſer de Ruſſie Mr. de la Chétardie,

engagea l'impératrice Élifabeth à faire le voyage de Mofcow pour s'y faire couronner, & enfuite à entreprendre le pélerinage de Kiowie en faveur de je ne fais quel faint. L'impératrice avoit des favoris, Beftuchew voulut leur fufciter des rivaux. Une nouvelle occupation rendit l'impératrice invifible à fa cour : c'étoit le triomphe du miniftre. Bientôt les ordres furent donnés que ceux qui avoient à négocier avec la Ruffie, au-lieu de s'adreffer à l'impératrice, s'adreffaffent dorénavant à fon miniftre. Ce nouvel arrangement valut de groffes fommes au comte de Beftuchew ; & Mr. de Mardefeld s'apperçut à regret que les guinées angloifes commençoient à prévaloir chez ce miniftre fur les écus pruffiens. Dans tous les projets que l'on forme, il faut fe contenter des à peu près. L'alliance de la Ruffie n'étoit pas telle qu'on auroit pu la défirer ; mais en pouffant la guerre avec vigueur, le roi pouvoit efpérer de la finir, avant que la Ruffie, lente dans fes réfolutions, en eût pris d'affez décifives pour le gêner dans fes opérations de campagne.

Voici l'arrangement général qui fut pris pour entrer en Bohème, & pour forcer la reine à rappeller fes troupes de l'Alface. La grande armée Pruffienne devoit entrer fur trois colonnes en Bohème. Celle que le roi voulut conduire, devoit longer la rive gauche de l'Elbe,

en la remóntant jufqu'à Prague; la feconde,
fous la conduite du prince Léopold d'Anhalt,
devoit traverfer la Luface, & gardant l'Elbe
à droite, fe rendre en même temps à Prague:
ces colonnes couvroient l'artillerie & des vivres
pour trois mois, qu'on avoit embarqués fur
l'Elbe, afin de les conduire à Leutmeritz. Le
maréchal de Schwérin, avec une troifième
colonne, devoit déboucher de la Siléfie par
Braunau & fe joindre au refte de l'armée, pour
former en même temps l'invefiffement de Prague. Outre cette armée, le vieux prince d'Anhalt avoit un corps de 17,000 hommes, dont
il couvroit l'électorat, & Mr. de Marwitz
commandoit 22,000 hommes, deftinés à la défenfe de la haute Siléfie. L'empereur avoit fait
expédier des lettres réquifitoriales au roi de
Pologne, électeur de Saxe, par lefquelles il
lui demandoit le paffage par fes états pour fes
troupes auxiliaires de Pruffe qui devoient entrer
en Bohème. Augufte étoit alors à Varfovie.
Ces lettres furent infinuées à fes miniftres, qui
gouvernoient la Saxe en fon abfence, par ce
Winterfeld, qui avoit négocié à Pétersbourg,
& s'étoit fi fort diftingué dans les premières
campagnes. Les Saxons furent étourdis de cette
propofition; ils vouloient gagner du temps,
mais les Pruffiens étoient déjà fur leur territoire. Ils proteftèrent & fe récrièrent inutile-

ment contre une démarche, dont le but principal étoit d'empêcher que l'Empire ne reçût
l'affront de voir opprimer & détrôner son empereur. Pendant qu'on murmuroit à Dresde,
qu'on étoit furieux à Varsovie, qu'à Londres
on se voyoit prévenu, & que la crainte se
répandoit à Vienne, le roi marcha droit sur
Pirna, où les régimens du duché de Magdebourg, qui avoient pris leur route par Leipsick,
le joignirent. Toute la Saxe étoit en mouvement. Les troupes s'assembloient par pelotons
aux environs de Dresde : l'on se hâtoit de fortifier cette capitale ; les bras des artisans mêmes
furent employés pour faire des coupures dans
le quartier qu'on appelle la Nouvelle-Ville. Les
ministres Saxons vouloient marquer de la fierté,
& ils étoient en même temps saisis de crainte ;
ils accordoient trop d'un côté, & refusoient
obstinément des bagatelles. Si le roi avoit voulu
s'emparer de ce pays, cette besogne auroit
été expédiée en huit jours. Enfin ils donnèrent
des subsistances, ils prêtèrent des bateaux pour
traverser l'Elbe, ils laissèrent passer la flotte
chargée de vivres au milieu de Dresde ; mais
on y doubla la garnison, les canons furent mis
en batterie, les portes fermées & barricadées,
& l'on en refusa l'entrée aux officiers Prussiens.
Cette conduite des Saxons annonçoit clairement
leur mauvaise volonté. On les jugea de mau-

vais voifins, capables de profiter des malheurs qui pourroient arriver aux Pruffiens dans cette guerre ; mais on ne les crut pas affez téméraires pour fe facrifier en faveur de là reine de Hongrie, d'autant plus que le corps qui étoit à la difpofition du vieux prince d'Anhalt, devoit leur infpirer une conduite plus prudente.

On fit précéder la marche des troupes d'un manifefte qui contenoit en gros les motifs de la ligue de Francfort, formée entre l'empereur, la Pruffe, l'électeur Palatin & le landgrave de Heffe, pour le foutien du fyftême & des libertés de l'Empire, & pour maintenir fon chef : l'on publia en même temps des lettres-patentes en Bohème, par lefquelles on avertiffoit les fujets de ce royaume de ne point prendre fait & caufe contre les troupes auxiliaires de l'empereur, lequel ils devoient déformais confidérer comme leur fouverain légitime.

Ce fut le 23 d'août que le roi arriva fur les frontières de la Bohème : quatre régimens de houfards & quatre bataillons précédoient d'un jour la marche de l'armée, pour amaffer les vivres néceffaires aux troupes. Le margrave, qui commandoit la feconde ligne, entra dans le camp que le roi venoit de quitter ; aucun ennemi ne s'oppofa aux opérations des troupes. La petite flotte chargée des magafins fut la première qui rencontra des obflacles en entrant

en Bohème ; elle étoit obligée de paſſer au pied
d'un rocher, ſur lequel eſt ſitué le château de
Tetſchen : les ennemis qui l'occupoieut, rou-
lèrent de groſſes pierres dans l'Elbe, & y ajoutèrent une eſtacade pour en rendre la navigation impraticable. On fut obligé de détacher
avec quelques troupes le général Bonin, qui
attaqua & fit priſonnier un capitaine Hongrois
avec 70 hommes. La rivière fut promptement
déblayée, & la navigation redevint libre : cet inci-
dent retarda la marche de deux jours. L'armée
ſe porta ſur la rivière d'Éger. Les houſards
ſurprirent auprès d'un bourg, nommé Murzifai,
des troupes de l'ennemi ; ils en défirent 300,
& en amenèrent 50 priſonniers. On apprit par
leur dépoſition, que Mr. de Bathyani étoit venu
de Bavière ſur la Béraun avec un corps de
12,000 hommes ; on ſut auſſi qu'il avoit jeté
3,000 hommes dans Prague, auxquels on avoit
joint un corps de milice de 12,000 combattans.
Le roi arriva le 2 de ſeptembre auprès de
Prague avec tous les corps qui compoſoient
ſon armée ; il ſe campa près de la chapelle de
la Victoire ; le maréchal de Schwérin & le
prince Léopold inveſtirent ce qu'on appelle
le grand côté de la ville. Il fallut 8 jours pour
tranſporter de Leutmeritz au camp la groſſe
artillerie & les vivres. Leutmeritz reçut un bataillon en garniſon, pour veiller à la ſûreté

des magaſins, qu'on ne pouvoit pas faire avancer faute de chevaux; car la Muldau, qui ſe
jette à Melnick dans l'Elbe, n'eſt point navigable; ce temps fut employé à faire tous les
préparatifs du ſiège. Dans cet intervalle on
fut informé par des eſpions, que Mr. de Bathyani raſſembloit un gros magaſin dans la ville
de Béraun; des houſards qu'on détacha pour
reconnoître les chemins qui mènent à cette
ville, confirmèrent le rapport. Le roi fut tenté
d'enlever ce magaſin; il détacha le général Haake
avec 5 bataillons & 600 houſards, pour s'en
emparer. Mr. de Bathyani en eut vent, quoiqu'on eût pris toutes les précautions poſſibles,
pour que le ſecret fût gardé. Bathyani renforça
ce poſte, & lorſque Mr. de Haake paſſa le pont
de Béraun, & qu'il eut forcé la porte de la
ville, il apperçut deux gros corps de cavalerie
qui paſſoient la rivière à ſa droite & à ſa gauche
pour tomber ſur ſes deux flancs. Il abandonna
auſſi-tôt l'attaque, & ſe poſta ſur des hauteurs,
où il forma un quarré de ſon infanterie. Ayant
été vivement attaqué par cette cavalerie, & par
un gros corps d'infanterie Hongroiſe, il trouva
le moyen de faire ſavoir au camp de Prague le
danger qui le menaçoit. Le roi vola à ſon ſecours
avec 80 eſcadrons & 16 bataillons; mais Mr.
de Haake avoit vaillamment repouſſé les ennemis, & s'étoit dégagé lui-même avant que le

fecours pût le joindre. Le projet fur Béraun manqua ainfi, & Mr. de Bathyani fit tranfporter en hâte fon magafin de cette ville à Pilfen. Il auroit fallu fans doute retourner à Béraun, chaffer Mr. de Bathyani de Pilfen, & lui enlever fon magafin ; c'étoit le moyen d'empêcher l'armée Autrichienne de profiter des vivres qu'il avoit eu le temps d'amaffer, de rejeter le prince de Lorraine dans la haute Autriche, & de gagner la fin de cette campagne, en demeurant en poffeffion de la Bohème ; mais les vivres de l'armée étoient mal adminiftrés, & les Pruffiens manquoient d'un Mr. de Sechelles.

Le 10 au foir on ouvrit la tranchée devant Prague à trois endroits différens ; favoir, au plateau de St-Laurent, à Bubenitz, vis-à-vis du moulin de la baffe Muldau, & à la montagne de Ziska. Le comte de Truchfes commandoit la première attaque, le margrave Charles la feconde ; la troifième étoit fous la direction du maréchal de Schwérin. On ne perdit rien la première nuit. Le lendemain le maréchal fit attaquer le fort de Ziska en plein jour, l'emporta après y avoir fait jeter des bombes, & prit tout de fuite deux petites redoutes qui étoient derrière le premier, & que les François qui les avoient conftruites appelloient des nids d'hirondelles. Le roi fe trouvoit précifément à la tranchée de Bubenitz ; il en fortit avec

beaucoup d'officiers, pour voir comment tour-
neroit l'attaque du Ziska. Les ennemis apperçurent cette foule de monde, tournèrent leur
canon de ce côté, & un malheureux coup emporta le prince Guillaume, frère du margrave
Charles, le même qui avoit ſi vaillamment combattu à Molwitz pour la gloire de ſa patrie. On
fit avancer incontinent les batteries, de ſorte
qu'elles battoient en brèche la courtine qui eſt
entre le baſtion de St-Nicolas & St-Pierre.
Le 15, les batteries du margrave Charles, à
force de jeter des bombes, mirent le feu au
moulin à eau, & détruiſirent les écluſes de la
Muldau. Les eaux en devinrent ſi baſſes, qu'elles
étoient par-tout guéables, & qu'on pouvoit prendre la ville d'emblée, y ayant de ce côté-là un
aſſez grand eſpace ſans rempart & ſans muraille.
Mr. de Harſch, qui commandoit dans la ville,
commença à déſeſpérer de ſon ſalut : ce gouverneur s'apperçut que le 16 de grand matin, un gros
corps de grenadiers défiloit du côté de Bubenitz ;
il prévit l'aſſaut qu'on ſe préparoit à lui donner,
demanda de capituler, & ſe rendit priſonnier de
guerre avec ſa garniſon, qui conſiſtoit en 12,000
hommes. Ce ſiège ne dura que 6 jours ; il coûta
aux aſſiégeans 40 morts & 80 bleſſés. Le même
jour les portes furent conſignées, & la garniſon
fut conduite en Siléſie, où elle fut diſtribuée
dans les places. La priſe de Prague faiſoit un beau

commencement de campagne. On devoit fuppofer qu'il feroit impreſſion fur les Saxons, &
qu'ils fe déclareroient moins que jamais pour la
reine de Hongrie ; il étoit à préfumer qu'en
dégarniſſant leur électorat, ils ne le livreroient
pas eux-mêmes au prince d'Anhalt, qui pouvoit ruiner Leipſick, le ſiège de leur commerce,
le nerf de leur état, & la reſſource de leur crédit;
mais l'or des Anglois l'emporta à Dresde fur des
intérêts plus durables. Il fe préfentoit alors pour
l'armée Pruſſienne le choix de deux opérations.
L'une, que le roi préféroit, étoit de paſſer la
Béraun, de chaſſer Mr. de Bathyani de la Bohème, de s'emparer de Pilfen, & du magaſin
conſidérable qu'on y formoit pour l'armée du
prince de Lorraine, & de pouſſer jufques aux
gorges de Com & de Fort, qui ouvroient les
chemins de la Bohème aux Autrichiens du côté
du haut Palatinat. Il eſt fûr que le prince de
Lorraine pouvoit fe jeter fur Éger, où les
Saxons l'auroient joint; qu'il pouvoit fuivre,
en longeant l'Éger, le chemin que le maréchal
de Belle-Isle avoit pris dans fa retraite de Prague; mais d'où feroient venues les fubſiſtances
pour cette armée ? Le margraviat de Bareuth
étoit trop ſtérile pour en fournir, & de plus,
qui auroit défendu l'Autriche, dont Mr. de
Marwitz étoit en état de faire feul la conquête,
ne trouvant rien devant lui qui pût l'arrêter ?

C'étoit donc fans contredit le projet qu'on auroit dû exécuter. L'empereur, le roi de France, particuliérement le maréchal de Belle-Isle, infif- tèrent pour que les Pruffiens fe portaffent du côté de Tabor, de Budweis, de Neuhaus, afin d'établir une communication avec la Bavière, & de donner au prince de Lorraine de la jaloufie au fujet de l'Autriche. Le maréchal de Belle- Isle foutenoit que la faute de n'avoir pas occupé ces poftes l'année 1741, avoit été caufe de tous les malheurs que les François & les Bavarois avoient effuyés; mais ce qui eft bon dans une conjonĉture, l'eft-il de même dans une autre? Sans doute que ces poftes étoient néceffaires en 1741 aux alliés, qui poffédoient encore la Ba- vière, & même la haute Autriche; mais en 1744, il n'y avoit que des Autrichiens dans ces provinces; d'ailleurs c'étoit donner beau jeu aux ennemis, que de pouffer une pointe, qui éloignant l'armée du roi de Pruffe de fes fron- tières, donnoit aux Saxons la liberté de fe joindre au prince de Lorraine, ou de faire même quelque entreprife furPrague.De tous les partis, le plus fage auroit été de ne point trop s'éloigner de Prague, d'amaffer dans cette capitale, ainfi qu'à Pardubitz & dans d'autres villes, des vivres pour les troupes,& de voir venir les ennemis. Le roi marqua dans ce moment trop de foibleffe; par condefcendance pour fes alliés, il déféra trop à leurs fentimens, & craignant d'être accufé, s'il tenoit fon armée clouée à Prague, de n'avoir d'autre objet que de s'affurer des trois cercles qu'on lui avoit promis, il entreprit cette malheureufe expédition. On ne fit pas moins de fautes dans l'exécution de ce projet.

On négligea le tranfport des farines de Leutmeritz à Prague ; on ne renvoya point en Siléfie l'artillerie qui avoit fervi au fiège de Prague, & l'on ne laiffa en garnifon dans cette ville immenfe que fix bataillons, qui ne fuffifoient pas pour en défendre la moitié. Quand vous remontez à la droite de la Muldau, laiffant Prague derrière vous, vous trouvez un pays montueux & difficile ; auffi mal peuplé qu'aride. Si vous avancez onze milles en tirant vers l'Orient, vous découvrez la ville de Tabor, fituée fur un rocher, bâtie au quinzième fiècle par Ziska, ce fameux brigand huflite, qui ravagea fa patrie en combattant pour elle. Dans ces temps reculés, Tabor paffoit pour imprenable ; de nos jours elle fe prendroit d'emblée. La fituation eft avantageufe ; mais la ville eft petite, & n'a pour défenfe qu'une mauvaife muraille. Delà, en tirant vers le midi, vous trouvez la Lufchnitze, petite rivière guéable de toute part, mais dont les bords dans beaucoup d'endroits font efcarpés ; après l'avoir paffée, vous traverfez dans l'efpace de trois milles des bois & des rochers, au fortir

defquels

defquels vous entrez dans une plaine abon-
dante, & trouvez Budweis à deux milles devant
vous. Cette ville eft fituée fur la Muldau,
fortifiée d'ouvrages de terre, & d'une enve-
loppe que d'un côté l'on avoit commencée
vis-à-vis de Budweis vers le fud. A trois
quarts de mille de l'autre côté de la Muldau
fe trouve Frauenberg. Ce château occupe le
haut d'une colline, & eft devenu fameux par
un fiège de 6 mois que les François y ont
foutenu. Tel étoit le pays où l'armée Pruffienne
alloit agir.

Comme les Saxons ne s'étoient point encore
déclarés, l'armée fe mit en marche le 17 feptembre pour Conraditze. Delà le général de
Naffau fut détaché avec 10 bataillons & 40
efcadrons pour faire l'avant-garde de l'armée,
& celle-ci fut partagée en deux colonnes;
la droite, fous les ordres du prince Léopold,
côtoyoit la Mulda, & fut obligée de fe faire
des chemins; la colonne de la gauche, conduite par le maréchal Schwérin, enfiloit le
grand chemin de Prague à Tabor, en fuivant
pied à pied l'avant-garde. On avoit réglé de
plus que ces colonnes ne laifferoient entre leurs
camps, qu'une étendue au plus d'un demi-mille
d'Allemagne; derrière la colonne de la gauche
fuivoient les caiffons de farine couverts par
1500 hommes, fous la direction du général

Poſadowsky. Tabor, Budweis & Frauenberg ſe rendirent preſque ſans ſe défendre au général Naſſau. L'armée arriva le 26 à Tabor, où les colonnes ſe rejoignirent ; mais Poſadowsky n'amena que la moitié de ſes caiſſons, c'eſt-à-dire pour 15 jours de farine ; les chevaux & les bœufs de cet attirail avoient été négligés au point, que la moitié en avoit péri, ſans cependant qu'on eût vu d'ennemi pendant toute la marche. Ce fut là le principe de tous les malheurs qui arrivèrent depuis. A peine l'armée étoit-elle à deux marches de Prague, que Mr. de Bathyani envoya un détachement de quelques milliers de Croates & de houſards à Béraun & à Kœnigſaal ; cette dernière ville eſt ſituée au confluent de la Béraun dans la Muldau, à deux milles au-deſſus de Prague. Ces troupes légères infeſtèrent tellement les avenues, qu'elles interceptèrent toutes les livraiſons que le plat pays devoit faire, & que les communications étant coupées, l'armée Pruſſienne fut quatre ſemaines ſans recevoir de nouvelles, ni de Prague, ni de ce qui ſe paſſoit dans le reſte de l'Europe. On enleva deux malles deſtinées pour le roi ; de ſorte qu'il ignoroit non-ſeulement la marche des Saxons, mais encore où pouvoit être l'armée du prince de Lorraine. Il doit paroître étrange qu'une armée auſſi forte que la Pruſſienne n'ait

pu tenir le plat pays en refpeçt, le contraindre
aux livraifons néceffaires; fe procurer des
fubfiftances, & avoir des efpions en abondance, pour être informée du moindre mouvement des ennemis; mais il faut favoir qu'en
Bohème la grande nobleffe, les prêtres & les
baillis font très-affectionnés à la maifon d'Autriche; que la différence de religion infpiroit
une averfion invincible à ce peuple auffi ftupide
que fuperftitieux, & que la cour avoit ordonné
aux payfans, qui tous font ferfs, d'abandonner
leurs chaumières à l'approche des Pruffiens,
d'enfouir leurs bleds, & de fe réfugier dans
les forêts voifines; elle avoit ajouté la pro-
meffe de réparer tout le dommage qu'ils pourroient fouffrir de la part des Pruffiens. L'armée
ne trouvoit donc que des déferts fur fon paffage, des villages vuides: perfonne n'appor-
toit au camp des denrées à vendre, & le
peuple, qui craignoit les punitions rigoureufes
des Autrichiens, ne pouvoit être engagé par
quelque fomme que ce fût à donner les nouvelles qu'on lui demandoit des ennemis. Ces
embarras furent encore augmentés par un corps
de 10,000 houfards, que les Autrichiens avoient
fait venir de Hongrie, & qui coupèrent les
communications à l'armée, dans un pays qui
n'étoit qu'un compofé de marais, de bois,
de rochers, & de tous les défilés qu'un terrain

peut renfermer : l'ennemi avoit, avec cette
fupériorité en troupes légères, l'avantage de
favoir tout ce qui fe faifoit dans le camp du
roi, & les Pruffiens n'ofoient aventurer leurs
batteurs d'eftrade, à moins de les compter
pour perdus, vu la fupériorité de ceux des
ennemis ; de forte que l'armée du roi, toujours
retranchée à la romaine, étoit réduite à l'enceinte de fon camp. Le manque de vivres
joint à cette gêne où fe trouvoient les Pruffiens, les obligea de retourner fur leurs pas.
Le maréchal de Schwérin étoit d'avis de fe
porter fur Neuhaus, pour augmenter la jaloufie que les ennemis pouvoient avoir à l'égard
de l'Autriche. Le prince Léopold foutenoit
qu'il falloit fe porter fur Budweis, qui étoit
occupé par Mr. de Naffau. Sur ces entrefaites un efpion apporte la nouvelle, que l'armée du prince de Lorraine étoit à Protiwin.
Cet avis décida fur le parti qu'il y avoit à
prendre. L'armée repaffa la Muldau, & fe
campa fur les hauteurs de Wodnian ; mais à
peine y fut-on arrivé, qu'on reconnut la fauffeté de l'avis : cela mit de la méfintelligence
entre Mr. de Schwérin & le prince Léopold,
& le roi fut fouvent dans le cas d'interpofer
fon autorité, pour empêcher que la jaloufie de
ces deux maréchaux ne nuisît au bien général.
Mr. de Janus, lieutenant-colonel dans les hou-

fards de Thierry, avoit été détaché pour preffer les livraifons que les habitans de ces contrées devoient faire à Tabor : le befoin en étoit
d'autant plus preffant, que les farines de l'armée tiroient vers leur fin. Janus marcha avec
200 houfards à un village nommé Muhlhaufen,
fitué au bord de la Muldau. L'ennemi en fut
informé ; un corps confidérable de houfards
tomba fur lui ; c'étoit un brave homme, & il
perdit la vie pour ne point avoir la réputation
d'avoir été battu : tout fon corps fut diffipé.
Nadafti fit des ponts à cet endroit même, &
s'avança droit à Tabor pour l'attaquer. Le
prince Henri, frère du roi, qui y étoit tombé
malade, & le colonel Kalnein qui y commandoit, lui firent comprendre qu'on ne s'empare
pas d'une ville défendue par des Pruffiens,
avec de la cavalerie légère. Ce fut alors qu'on
apprit que le prince de Lorraine occupoit un
camp fort, derrière la Wotawa, à deux milles
de Pifek ; que les Saxons l'avoient joint, &
que fon intention étoit de couper les Pruffiens de la Safawa, & par conféquent de
Prague, en paffant la Muldau derrière l'armée. Le manque de fubfiftances, l'obftacle
que Nadafti mettoit à en amaffer, la poffibilité pour les Autrichiens de faire ce mouvement, détermina les Pruffiens à s'approcher
de Tabor ; ils pafsèrent le 8 d'octobre la Mul-

dau , fur le pont de Teyn. L'arrière-garde
fut vivement harcelée par des pandours & des
houfards ; ils ne réuffirent point à l'entamer
comme ils s'y étoient attendus. Le brave colonel Rouch des houfards leur prit un bataillon de Dalmatiens , qui s'aventura trop , &
rejoignit l'armée , triomphant d'un corps bien
fupérieur au fien, qui l'avoit attaqué. L'armée
reprit le camp de Tabor , pour donner au général Du Moulin , qui étoit détaché à Neuhaus , le temps de la rejoindre. Les Autrichiens étoient fi fûrs de couper l'armée Pruffienne de Prague , que par leurs ordres on
amaffoit des magafins pour eux à Benefchau,
& même dans le cercle de Chrudim. Le roi fe
repentit trop tard de n'avoir pas mieux garni
la ville de Prague de troupes. Le projet de
prendre des quartiers d'hiver entre Tabor ,
Neuhaus , Budweis & Frauenberg étoit mal
conçu ; il n'y avoit delà à Prague aucune ville
qui eût feulement des murailles, & dont on
pût par conféquent fe fervir pour établir la
communication avec la capitale. La Muldau
étoit par-tout guéable, & couverte à fa rive
gauche de forêts impénétrables , dont des troupes légères pouvoient tirer parti pour harce-
ler fans ceffe les quartiers des Pruffiens. Si
cependant les vivres n'euffent pas manqué, le
roi auroit pu fe foutenir entre la Safawa & la

Luſchnitz ; mais le manque de vivres eſt le plus fort argument à la guerre, & le danger de perdre Prague s'y joignant, l'armée Pruſſienne fut obligée de rétrograder. On étoit encore irréſolu ſi l'on abandonneroit ou conſerveroit les poſtes de Tabor & de Budweis, en s'en éloignant entiérement avec l'armée. On avoit ſans doute à craindre que l'ennemi ne forçât ces villes ; d'autre part il falloit conſidérer qu'on avoit été obligé de laiſſer à Tabor 300 malades ou bleſſés, qu'on n'avoit pu tranſporter faute de voitures. On ne vouloit pas abandonner ces braves gens ; on réſolut donc de laiſſer garniſon dans ces deux endroits, & l'on eſpéroit que ſi l'on en venoit à une bataille avec les Autrichiens, comme cela paroiſſoit probable après leur jonction avec les Saxons, les ennemis battus trouveroient ces poſtes ſur leur chemin, & feroient contraints de ſe rejeter vers Pilſen. Ce raiſonnement étoit entiérement faux ; car dans un cas preſſant, il vaut mieux perdre 300 malades, que de haſarder quelques milliers d'hommes dans des villes où ils ne peuvent ſe défendre. Au contraire, ſi l'on ſe propoſoit de ſe battre, il falloit raſſembler toutes ſes forces, pour être mieux en état de battre l'ennemi, & ces deux miſérables trous ne pouvoient pas empêcher le prince de Lorraine de faire ſa retraite comme il le jugeroit à propos. Mais , difoit-on, le maréchal de Seckendorff étoit déjà arrivé en Bavière ; il avoit rejeté Bærenklau en Autriche , il avoit nettoyé d'ennemis tout cet électorat, à la réferve d'Ingolftadt, de Braunau & de Straubingen. Soit, mais les fuccès des impériaux ne devoient pas empêcher les Pruffiens de fe conduire prudemment , & ces avantages n'étoient pas affez forts pour qu'on pût impunément commettre des fautes. Dans cette fituation, le pofte de Benefchau devenoit de la dernière importance ; il falloit l'occuper avant le prince de Lorraine, parce qu'il étoit inattaquable, & qu'il pouvoit décider entre les mains des ennemis du deftin de l'armée : la feule reffource qu'on auroit eue encore, auroit été de paffer la Safawa à Rattay, pour tirer des vivres de Pardubitz. Le maréchal de Schwérin fe mit pour cet effet à la tête de 15,000 hommes ; il prit non-feulement le camp de Benefchau, mais il s'empara encore des magafins confidérables qu'on y avoit amaffés pour les Autrichiens. Le roi le joignit le 14 d'octobre ; l'avant-garde de l'ennemi étoit déjà en marche pour s'y rendre. L'armée féjourna huit jours entre Benefchau & Konopitz. On y apprit la nouvelle défagréable , à laquelle cependant on devoit s'attendre, qu'un détachement de 10,000 Hongrois avoit fait prifonnier à

Budweis le régiment de Creutz, & à Tabor celui des pionniers. Ainsi, pour sauver 300 malades, on perdit 3,000 hommes. Le roi, qui se repentoit d'avoir, pour ainsi dire, aban. donné ces régimens, envoya ordre par huit personnes différentes au général Creutz, qui commandoit dans Budweis, d'évacuer la ville & de suivre l'armée ; mais aucune n'arriva jusqu'à lui. Budweis se rendit, après avoir consommé toutes les munitions que les circonstances avoient permis d'y laisser. Tabor fut pris à tranchée ouverte, par une brèche que l'ennemi avoit faite à la muraille. La première de ces villes soutint un siège de huit jours, Tabor un de quatre, & Frauenberg se rendit, parce que les Autrichiens avoient coupé le seul canal par lequel la garnison recevoit ses eaux. Comme il étoit à craindre que les vivres ne manquassent à l'armée, Mr. de Winterfeld fut détaché, avec quelques bataillons & un régiment de housards, pour assurer la communication avec le magasin de Leutmeritz. Mais l'avantgarde du prince de Lorraine, dont nous avons parlé, s'étant apperçue que les Prussiens les avoient prévenus à Beneschau, se retira sur Neweclow, & delà sur Marschowitz, où elle fut jointe par l'armée combinée des Autrichiens & des Saxons. Le roi apprit cette nouvelle avec plaisir, dans l'espérance que le moment

de venger les affronts qu'il avoit reçus à Tabor
& à Budweis étoit arrivé. Dans cette vue,
le 24 d'octobre après-midi, il mit l'armée en
marche fur huit colonnes, pour attaquer l'ennemi, après avoir pafsé des chemins que jamais
troupes n'avoient traverfés; il arriva au déclin
du jour fur une hauteur qui n'étoit qu'à un
quart de mille de l'armée Autrichienne; les
Prufsiens s'y formèrent & y pafsèrent la nuit.
Le lendemain le roi & les principaux officiers
allèrent reconnoître l'ennemi dès la pointe du
jour. On trouva qu'il avoit changé de camp
& qu'il s'étoit pofté vis-à-vis du flanc droit
des Prufsiens, fur une hauteur efcarpée, au
pied de laquelle, dans un terrein marécageux,
couloit une eau bourbeufe; ce fond féparoit
les deux armées. Ce côté étoit entiérement
inattaquable. On plaça quelques bataillons de
grenadiers dans un taillis, d'où la droite de
l'ennemi pouvoit être vue; on la trouva aufsi
avantageufement placée que fa gauche. L'im-
pofsibilité de réufsir dans une telle attaque en
fit abandonner le deffein, & l'on réfolut de
retourner au camp de Benefchau. Les grenadiers qui avoient fervi à reconnoître l'ennemi,
firent l'arrière-garde. Les Autrichiens, qui
s'attendoient à être attaqués, ne s'apperçurent
pas de la retraite de leurs ennemis, dont une
montagne leur déroboit les mouvemens: il n'y

eut qu'une légère efcarmouche à l'arrière-garde,
& les Pruffiens reprirent paifiblement leur pofte
de Benefchau. Lorfqu'une armée où il fe trouve
150 efcadrons féjourne au-delà de huit jours
dans le même camp, il n'eft pas étonnant que
les fourrages viennent à lui manquer, fur-tout
lorfque c'eft un pays de montagnes & de bois,
& qu'il eft impoffible d'obliger le plat pays à
livrer des fubfiftances. C'eft ce qui força le
roi à choifir un autre camp, où il pût trouver
des fourrages, & qui en même temps le rap-
prochât de fa boulangerie. L'armée décampa
donc le lendemain, paffa la Safawa à Borfchitz,
& vint fe pofter auprès de Pyfcheli. En même
temps Mr. de Naffau fut détaché avec 10 bataillons & 30 efcadrons, pour déloger de Kamerbourg un corps ennemi de 10,000 hommes,
tant troupes réglées que Hongroifes. Mr. de
Naffau l'attaqua fur une hauteur avantageufe
qu'il occupoit; quelques coups de canon mirent
l'ennemi en défordre; il abandonna fon pofte
pour repaffer la Safawa à Rattay. Mr. de Naffau
les cotoya, & s'appercevant qu'ils vouloient
gagner Kolin avant lui, il les prévint, & s'empara de ce pofte. Depuis l'efcarmouche de
Kamerbourg, perfonne n'eut des nouvelles de
Mr. de Naffau, qui de fon côté ne put en
faire parvenir aucune, tant les troupes légères
des Autrichiens avoient par leur nombre la fupé-

riorité fur celles des Pruffiens : ils étoient dans un terrein fourré, avoient la faveur du pays, étoient informés de tout, tandis que les Pruffiens n'étoient inftruits de rien. Les Autrichiens agiffoient de tous les côtés pour fe procurer cette fupériorité fur les Pruffiens ; ils pensèrent furprendre à Pardubitz avec fon régiment le colonel Zimernau, qui avoit dans ce fort la garde du magafin : 1500 grenadiers & 600 houfards, venus de la Moravie, fe déguisèrent en payfans, & fous prétexte de livrer au magafin, ils effayèrent de s'introduire dans la ville au moyen de leurs chariots. La trame fut découverte par un Autrichien qui lâcha imprudemment un coup de piftolet ; les gardes des portes & des ravelins firent feu fur cette troupe, qui perdit foixante hommes. Cette défenfe fit beaucoup d'honneur à la vigilance de Mr. de Zimernau, & laiffa aux ennemis le regret d'avoir inutilement perdu du monde. Peu après que le roi eut pris le camp de Pyfcheli, le prince de Lorraine prit celui de Benefchau : il avoit le pays à fa dévotion, les cercles lui livroient fes vivres, & il parvint à fubfifter quelques jours encore là, où les Pruffiens auroient péri de faim s'ils y fuffent reftés : il fe porta enfuite fur Kamerbourg, où il paffa la Safawa, dirigeant fa marche fur Janowitz, en gardant ces marais à dos. Le deffein du prince, ou pour mieux

dire du vieux maréchal Traun, étoit d'obliger
le roi d'opter entre la Siléfie ou la Bohème.
Si le roi reftoit auprès de Prague, les ennemis
lui coupoient la communication avec la Siléfie,
& fi le roi tiroit vers Pardubitz, Prague & la
Bohème étoient perdus. Ce projet étoit beau
& digne d'admiration : le maréchal Traun y
ajoutoit la fage précaution de choifir toujours
des camps inattaquables, pour ne point être
obligé de combattre malgré lui. Si le roi avoit
pu aller aux ennemis au moment où ils décam-
pèrent, il auroit pu les forcer au combat, ou
il auroit gagné fur eux le pofte de Kuttenberg,
ce qui auroit ruiné tous leurs deffeins. Le manque de pain, raifon fi fouvent alléguée dans le
récit de cette campagne, empêcha cette opération. Cependant, pour tenter l'impoffible, le
roi avança le lendemain avec l'aîle de l'armée ;
le prince Léopold devoit fuivre avec le pain
qu'on attendoit de Prague. Le bonheur voulut
qu'à Kofteletz, où le roi prit fon camp, il
trouvât pour trois jours du pain, du vin &
des viandes deftinées aux ennemis ; il fit dif-
tribuer ces provifions à fes troupes. Son intention étoit de gagner le lendemain Janowitz ;
mais il fut trompé par des efpions qui affurèrent que le prince de Lorraine y étoit déjà.
On tourna donc fur la gauche, & l'armée fe campa
à Kaurzim, à un mille de l'Elbe. Ce ne fut

qu'alors qu'on apprit que Mr. de Naffau étoit à Kolin, & qu'un convoi de pain arriveroit inceſſamment de Leutmeritz à l'armée ; pour en faciliter le tranſport, on garnit de grenadiers Brandeis & Nienburg. Le lendemain le prince Léopold rejoignit l'armée ; le jour d'après on ſe porta ſur Planiany. L'ennemi avoit eu deſſein d'y venir ; auſſi y trouva-t-on d'abondantes ſubſiſtances. L'aile droite des Pruſſiens étoit au couvent de Zasmuky, éloigné d'un quart de mille de la gauche des Autrichiens : des marais & des bois ſéparoient les deux armées. Cependant il y avoit tout à craindre pour Pardubitz ; les Autrichiens en étoient plus près d'une demi-marche que les Pruſſiens. On y envoya avec 8 bataillons & 10 eſcadrons Mr. Du Moulin, qui paſſa par Kolin, & couvrit Pardubitz & les magaſins. Le point principal alors étoit de gagner Kuttenberg : il n'y avoit point de temps à perdre, ſi l'on y vouloit devancer les ennemis. Quoique les troupes fuſſent fatiguées de trois marches conſécutives, il fut réſolu que par un effort on arriveroit le lendemain à Kuttenberg, ou que l'on forceroit le prince Charles au combat. Ni l'un ni l'autre n'arriva. Un brouillard épais qui dura depuis 6 heures du matin juſqu'à midi, fit perdre la moitié de cette journée, & quelque diligence qu'on fit dans la ſuite, il fut im-

poſſible d'arriver à la fin du jour plus loin qu'à
Grofs-Gubel, où l'on dreſſa les tentes. L'armée
avoit la ville de Kolin & l'Elbe à dos à la diſ-
tance d'un demi-mille ; ſes deux ailes étoient
appuyées à des villages ; une petite plaine étoit
devant le front bornée par un bois touffu, où
campoit le prince de Lorraine : ce prince ſe
ſervit de l'avance que ſa poſition lui donnoit
ſur celle des Pruſſiens, & dès le ſoir il envoya
un gros détachement pour occuper la hauteur
de Jean-Baptiſte, fort eſcarpée, & qui domine
ſur tous les environs. Le roi auroit voulu ſe
battre avant d'avoir conſommé ſes magaſins ;
une affaire générale convenoit à ſes intérêts ;
mais elle ne convenoit pas à ceux des Autrichiens, & ils l'évitèrent toujours ſoigneuſement.
Tandis que le prince de Lorraine & Traun
s'étabiſſoient ſur la cime des rochers, Nadaſti
vint ſe placer ſur la droite des Pruſſiens avec
6,000 Hongrois ; Guilan, avec un corps de la
même force, ſe mit dans le bois qui bornoit le
front de la plaine ; Trenck & Moratz ſe mirent
ſur la gauche avec leurs troupes légères, pour
reſſerrer l'armée dans ſon camp, & l'empêcher
d'en ſortir pour aller fourrager. Il paroîtra peut-
être étrange que les Pruſſiens n'aient rien tenté
pour déloger ces corps de leur voiſinage ; mais
ces corps avoient des défilés devant eux, & on
ne pouvoit venir à eux qu'avec déſavantage. La

mauvaife nourriture des troupes, la misère &
les fatigues qu'elles avoient fouffertes, occafion-
nèrent un grand nombre de maladies ; il n'y avoit
pas 100 hommes par régiment exempts de la
dyffenterie ; les officiers n'étoient pas mieux ;
les fourrages du camp étoient confommés ; on
ne pouvoit avoir des vivres que de l'autre côté
de l'Elbe ; la faifon devenoit plus rude de jour en
jour ; toutes ces raifons obligèrent à repaffer
l'Elbe à Kolin, & à cantonner les troupes pour
conferver & rétablir les malades. L'armée décampa le 9 de novembre, & fit fa retraite en fi
bon ordre, que quand même le prince de Lorraine auroit voulu l'entamer, on auroit pu fur
ce terrein engager avec avantage une affaire
générale. Dix bataillons garnirent la ville de
Kolin, poftés derrière des murailles qui formoient un retranchement naturel ; on plaça les
batteries fur des éminences plus près de la ville,
d'où elles dominoient fur tout le terrein : Kolin
& Pardubitz devenoient alors des poftes importans, parce qu'ils affuroient la communication
avec la Siléfie comme avec Prague. Entre ces
deux têtes, on établit des poftes le long de la
rivière, & derrière cantonnoient les troupes. A
peine les Pruffiens eurent-ils paffé l'Elbe, que
les pandours attaquèrent Kolin ; mais ils y furent
fi mal reçus, qu'ils perdirent l'envie d'y revenir.
La nuit du 12, les grenadiers de la reine avec
toutes

toutes les troupes Hongroifes tentèrent une
nouvelle attaque, & furent par-tout repouffés
vigoureufement ; ils y perdirent 300 foldats tués;
Trenck, ce fameux pillard, y fut bleffé. Le
prince de Lorraine croyoit la campagne finie ,
& auroit voulu donner aux troupes un repos
qu'elles avoient bien mérité par les fatigues
qu'elles avoient effuyées en Alface & en Bohème:
la cour de Vienne penfa autrement, & elle donna
des ordres exprès au prince de Lorraine de
continuer les opérations. Le roi fe flattoit de
l'idée que l'ennemi prendroit fes quartiers entre
l'Elbe & la Safawa ; dans le deffein où il étoit
de tomber deffus par Pardubitz & Kolin, & de
nettoyer d'Autrichiens les cercles de Czaslau &
de Chrudim. Il avoit pris fon quartier à Turnow,
proche de Pardubitz ; celui du prince Léopold
étoit peu éloigné de Kolin. L'ennemi fit dans
ce temps là des mouvemens qui fembloient dé-
nôter qu'il avoit quelque deffein fur Pardubitz ;
ce qui engagea ce prince à s'approcher davantage des quartiers de la gauche. Sur ces entrefaites, on intercepta des lettres de Vienne ;
elles annonçoient un grand deffein, qui devoit
s'exécuter le 18 de novembre. Le général d'Einfiedel, qui commandoit à Prague, mandoit que
l'ennemi faifoit travailler à des échelles dans tous
les villages voifins, & le général Naffau avertiffoit qu'il s'attendoit dans quelques jours à

être attaqué à Kolin ; il n'y avoit rien à craindre
pour Pardubitz, où se trouvoit l'aîle gauche
de l'armée.

De mille en mille le long de l'Elbe il y
avoit des postes d'infanterie, & 40 escadrons
de housards étoient distribués entre deux, pour
veiller aux patrouilles & sur les moindres mouvemens des troupes de la reine. Par ces précautions, le roi devoit toujours être averti d'a-
vance, au cas que l'ennemi tentât le passage
de l'Elbe ; il n'y avoit donc proprement que
la ville de Prague pour laquelle il y eût à
appréhender. Le roi y envoya Mr. de Rottembourg avec ses dragons & trois bataillons,
pour en renforcer la garnison. Ce jour critique, le 18 arriva enfin, & ne produisit de la
part de l'ennemi que beaucoup de marches &
de contremarches ; le 19 parut plus décisif. On
entendit dès les 5 heures du matin des décharges du gros canon & un feu d'infanterie assez
vif. Le roi envoya de tous côtés pour savoir
où l'on tiroit ; tout le monde étoit dans la pré-
vention que c'étoit quelque nouvelle tentative
sur Kolin. Les coups qu'on entendoit, se
tiroient à la droite de l'armée, & comme le
général Nassau s'étoit attendu à quelque en-
treprise du prince de Lorraine sur son poste,
& qu'on ne recevoit point d'autre nouvelle,
on ajouta trop légérement foi à ces apparen-

ces. On demeura dans cette incertitude jufqu'à
midi, qu'un officier de houfards fit au roi le
rapport, que pendant la nuit les troupes de
la reine avoient fait des ponts auprès de Solnitz;
que la négligence des patrouilles avoit été caufe
qu'on ne s'en étoit apperçu qu'à la pointe du
jour ; que le lieutenant - colonel de Wédel,
dont le bataillon fe trouvoit le plus proche, y
avoit marché ; que malgré le feu de 50 canons,
il avoit repouffé trois fois les grenadiers Autrichiens ; que pendant 5 heures il avoit difputé ce paffage au prince de Lorraine ; que
les houfards qu'il avoit envoyés à l'armée pour
l'avertir de fa fituation, ayant été tués en chemin
par des ulans qui s'étoient gliffés dans les bois
voifins, faute de fecours il s'étoit retiré en
bon ordre par la forêt de Wifchenjowitz pour
rejoindre l'armée. Ce paffage de l'Elbe étoit
fâcheux, foit que la négligence des houfards
en fût caufe ou non, & cette entreprife décidoit de toute la campagne. Le temps employé
à fe plaindre du deftin auroit été perdu ; on
ne fongea qu'à rémédier au mal autant que les
circonftances le permettoient. L'armée reçut
d'abord ordre de fe raffembler à Wifchenjowitz,
qui étoit au centre de fes cantonnemens ; on
ne laiffa à Pardubitz que 3 bataillons fous les
ordres du colonel Retzow. L'armée fe trouva
à fon rendez-vous le foir, à 9 heures, campée

H 2

en front de bandière, à l'exception du corps
de Mr. de Naffau qui étoit à Kolin, & de 2
bataillons détachés, l'un à Brandéis & l'autre
à Nienbourg. Le bataillon de Wédel perdit 2
officiers, & 100 hommes, tant morts que bleffés,
à l'affaire de Solnitz, qui fera à jamais mémo-
rable dans les faftes pruffiens. Cette belle
action valut à Wédel le nom de Léonidas. Le
prince de Lorraine, furpris qu'un feul bataillon
Pruffien lui eût difputé pendant 5 heures le
paffage de l'Elbe, dit aux officiers qui l'ac-
compagnoient : La reine feroit trop heureufe
fi elle avoit dans fon armée des officiers comme
ce héros.

La fituation critique où fe trouvoient les
affaires, porta le roi à raffembler les principaux officiers de fes troupes, pour délibérer
avec eux fur le parti qu'il y avoit à prendre.
La queftion rouloit fur deux objets : marche-
roit-on à Prague pour fe maintenir dans ce
royaume, ou évacueroit-on Prague & la Bohème
pour fe retirer en Siléfie. Chacun de ces partis
avoit des inconvéniens. Le prince Léopold
étoit d'avis de marcher à Prague, puifqu'il y
avoit encore quelqu'amas de farine à Leutmeritz, & qu'en abandonnant Prague, on
feroit en même temps obligé d'abandonner la
groffe artillerie, que les chemins ne permet-
troient pas de traîner avec foi, outre le rifque

que la garnifon avoit à courir par une retraite ;
au moins de 30 milles, jufqu'à ce qu'elle pût
regagner par Leutmeritz & la Luface les frontières de la Siléfie. Le roi étoit du fentiment
qu'il falloit marcher en Siléfie, parce que c'étoit
le parti le plus fûr. Le projet de fe maintenir
à Prague donnoit à l'ennemi la facilité de
couper à l'armée toute communication avec
la Siléfie. Les Saxons en auroient fait autant
fur leurs frontières ; de forte que cette armée
auroit été ruinée avant le printemps, faute
de vivres, de recrues, d'armes, de munitions
de guerre, & de chevaux de remonte pour la
cavalerie. D'ailleurs les communications fermées, d'où feroient venues les fommes pour
payer les troupes, acheter des magafins, &c.?
Comment le général de Marwitz avec 22,000
hommes pouvoit-il couvrir les deux Siléfies
contre l'armée du prince de Lorraine ? Ces
raifons décidèrent pour le retour en Siléfie, où
l'armée trouvoit toutes les reffources dont elle
avoit befoin pour fe rétablir, où les places
fortes étoient remplies de magafins, le pays
de fubfiftances, où l'on regagnoit la communication avec le Brandebourg, où enfin ni argent,
ni chevaux, ni reffources ne pouvoient manquer. Et pour prendre les chofes réellement
telles qu'elles étoient, le roi ne faifoit de perte
en fe retirant de la Bohème, que celle de fa

groſſe artillerie. Toùs les généraux ſe rangèrent de cet avis.

La réſolution qui avoit été priſe ſur le champ, devoit être exécutée de même. Le roi fit partir un homme de confiance & de reſſource, nommé Bulow, ſon aide-de-camp, pour porter à tous les corps détachés, ainſi qu'à la garniſon de Prague, l'ordre d'évacuer la Bohème. Mr. de Naſſau fut inſtruit de prendre le chemin de Chlumetz ou de Néchanitz pour rejoindre l'armée, tandis que le roi feroit vis-à-vis du prince de Lorraine les mouvemens les plus convenables pour faciliter cette jonction. Bulow fut aſſez heureux pour traverſer des détachemens de houſards enne-mis, & pour porter ſes ordres à ceux aux-quels il devoit les rendre. Ce parti devenoit d'autant plus néceſſaire, que la garniſon de Prague n'avoit de ſubſiſtances que pour ſix ſemaines, & que la faim l'auroit contrainte de ſe rendre, ſi l'on avoit attendu ce terme. Le 20 de novembre le roi s'approcha de Chlumetz, afin de ſeconder les mouvemens de Mr. de Naſſau; il demeura dans ce poſte, pour laiſ-ſer à ce détachement le temps de gagner Bitſchow & Néchanitz. Le 22, l'armée ſe mit entre Pardubitz & Kœnigsgrætz, au village de Woititz, qui couvroit le défilé de Néchanitz. Les malades & le bagage ſous une bonne

efcorte, prirent les devans pour la Siléfie, afin
d'alléger la marche des troupes. Mr. de Retzow
évacua Pardubitz ; le 24, toute la cavalerie
marcha à la rencontre de Mr. de Naffau, &
l'amena rejoindre l'armée. On fit défiler l'infanterie par Kœnigsgrætz, pour fe cantonner
dans les villages qui font en deçà de l'Elbe.
On refta le 25 & le 26 dans cette pofition. Le
27, l'armée fe partagea en trois colonnes, dont
l'une prit le chemin du comté de Glatz ; la
feconde, que le roi conduifoit, paffa par les
gorges de Braunau ; & la troifième, conduite
par Mr. Du Moulin, enfila le chemin de
Trautenau à Schatzlar. La première colonne
ne fut point inquiétée dans fa marche. La
brigade de Truchfes, qui étoit à la feconde
colonne, & qui en faifoit l'arrière-garde, fut
attaquée en paffant le ruiffeau de la Métau, proche du village de Plefs. Truchfes s'amufa mal-à-
propos à efcarmoucher avec les pandours, &
il eut 40 hommes tant morts que bleffés. Ce
qui caractérife bien l'efprit hongrois, c'eft
qu'au milieu de cette efcarmouche, quelques
cochons fe mirent à crier dans le village de
Plefs ; ce fut le fignal de la trève, les pandours abandonnèrent les Pruffiens, & coururent
tous au village égorger des bêtes, qu'ils ai-
moient mieux manger que de fe battre : il y
a fûrement dans l'hiftoire peu d'exemples d'ef-

carmouches auffi vives , qui aient eu un dénouement auffi grotefque. La colonne de Mr.
Du Moulin fut attaquée au village d'Elfe ,
mais avec fi peu de vigueur, que cela ne mérite aucune confidération. La colonne où étoit
le roi, arriva le 4 décembre à Tannhaufen ;
le vieux prince d'Anhalt y arriva prefque en
même temps. Le prince Léopold étoit attaqué
d'une maladie qui faifoit craindre pour fes
jours. Le maréchal de Schwérin avoit pris de
l'humeur , & quitta l'armée avant le retour en
Siléfie. Le roi fut obligé de fe rendre à Berlin, afin d'y prendre les arrangemens néceffaires pour la campagne prochaine, & de préparer en même temps les voies à quelques
négociations , que l'on pouvoit rendre plus
vives, au cas que les circonftances l'exigeaffent.
Voici ce qui arriva aux autres corps dans
leur retraite. Mr. de Winterfeld ramena heureufement fon détachement de Leutmeritz en
Siléfie ; il fut harcelé en chemin, mais fes
bonnes difpofitions tinrent les Hongrois en
refpect. La garnifon de Prague ne fuivit pas
littéralement les ordres qu'elle avoit reçus.
Mr. de Einfiedel devoit faire fauter les ouvrages du Wifcherad & de St-Laurent, il devoit faire crever les canons de la groffe artillerie, & en brûler les affuts, jeter dans l'eau
les fufils, dont la garnifon de la reine avoit

été armée. Mr. de Einſiedel crut fauſſement
que ce premier ordre feroit révoqué ; il en
fuſpendit l'exécution juſqu'au moment de ſon
départ : il fut trop tard alors. Lorſqu'il vit
que le moment d'évacuer la ville approchoit,
il raſſembla tous les chevaux qu'il put trouver, pour amener avec lui 42 pièces de campagne autrichiennes, à la place du gros canon
qu'il falloit abandonner. Ce fut le 26 de novembre que la garniſon ſortit de Prague. Mr. de
Einſiedel avoit ſi mal pris ſes précautions, que
ſes troupes défiloient encore par la porte
St-Charles, que déjà 400 pandours s'étoient
d'un autre côté introduits dans la ville. Ces
Hongrois attaquèrent l'arrière-garde. Mr. de
Rottembourg, qui s'y trouvoit, fit tirer ſur
eux quelques canons chargés à mitraille, qui
les continrent. Cette garniſon arriva le 30 à
Leutmeritz. On s'y arrêta quelques jours,
afin de s'y pourvoir de pain & de proviſions.
Quand Mr. de Einſiedel arriva à Leipe, il
apprit que les Saxons vouloient lui diſputer le
chemin de la Siléſie ; car le prince de Lorraine n'avoit ſuivi le roi que juſqu'à Nachod,
d'où il avoit pris la route de la Moravie, &
les Saxons celle des cercles de Buntzlau &
de Leutmeritz. Il y eut quelques eſcarmouches
en chemin avec les troupes légères des ennemis, mais peu importantes. Comme il arriva

à Hochwald , bourg situé à deux milles de. Friedland, & à trois des frontières de la Siléfie, il apperçut un gros corps , & apprit par des transfuges & des espions , que c'étoit une partie du corps Saxon aux ordres du chevalier de Saxe , auquel 2,000 grenadiers Autrichiens s'étoient joints. Mr. de Einfiedel , qui ne s'étoit jamais trouvé en pareil cas , perdit entiérement contenance ; il fut long-temps indécis s'il attaqueroit ces Saxons qui s'étoient fait des retranchemens avec de la neige entassée , ou s'il traverseroit la Lusace pour rentrer en Siléfie. Les ennemis avoient fait de si grands abatis fur le chemin de Friedland , qu'il étoit devenu impraticable dans cette saison. Mr. de Rottembourg voyant que l'incertitude de Mr. de Einfiedel laifferoit périr les troupes de froid & de misère , fit reconnoître les chemins de la Lusace , & prit en même temps la résolution d'attaquer le chevalier de Saxe , en fe chargeant de l'événement. Un capitaine , nommé Cottwitz , Saxon de naiffance , déferta la nuit , & avertit le chevalier des deffeins de Rottembourg. Rottembourg fe voyant trahi , profita de la trahison même. Il fe mit le lendemain de bon matin en marche par fa gauche , & entra en Lusace. Les Saxons n'étoient occupés qu'à leur défenfe , & ils furent instruits en même temps qu'un gros corps Pruffien , aux ordres de Mr. de Naſſau, défiloit par la Siléſie pour leur tomber à dos ; ils étoient ſi occupés de ces nouvelles, que la garniſon de Prague leur échappa heureuſement. Mr. de Rottembourg cheminoit toujours ; un colonel Vitzthum, qui commandoit ſur la frontière de la Luſace, voulut s'oppoſer à ſon paſſage ; mais lorſqu'il vit le nombre des Pruſſiens auquel il auroit à faire, il ſe défiſta de ſon oppoſition. Le général Saxon Arnheim, ſous les ordres duquel il étoit, envoya un autre officier pour interdire le paſſage aux Pruſſiens ; mais Rottembourg en l'accablant de politeſſe, pourſuivit ſa route, & arriva le 13 décembre aux frontières de la Siléſie, où ces troupes furent employées à former la chaîne des quartiers, depuis la Luſace juſqu'au comté de Glatz. Telle fut la fin de cette campagne, dont les préparatifs annonçoient de plus heureux ſuccès. Ce grand armement, qui devoit engloutir la Bohème, & même inonder l'Autriche, eut le ſort de cette flotte, nommée l'Invincible, que Philippe II d'Eſpagne mit en mer pour conquérir l'Angleterre.

Il faut convenir qu'il eſt plus difficile de faire la guerre en Bohème que par-tout ailleurs. Ce royaume eſt environné d'une chaîne de montagnes, qui en rendent l'entrée & la ſortie également dangereuſes. Prît-on même la ville de Prague, il faudroit une armée pour la garder ; ce qui affoiblit trop le corps qui doit agir contre l'ennemi. On n'y peut affembler des magafins qu'en hiver, où les habitans font contraints par la rigueur de la faifon de demeurer dans leurs villages. Quelques contrées fertiles peuvent fournir des fubfiftances pour de grandes armées ; les fourrages fecs & le fourrage verd ne fauroient y manquer : mais d'autres ceroles montueux & chargés de bois, font trop ftériles pour qu'une armée y féjourne long-temps. D'ailleurs on n'y trouve aucune place tenable, & fi les Autrichiens veulent chaffer l'ennemi de ce royaume fans en venir à une bataille, ils font maîtres de l'affamer en lui coupant fes communications, à quoi cette chaîne de montagnes, dont la Bohème eft environnée, fournit tout ce qu'un officier intelligent peut défirer en fait de gorges & de poftes propres à intercepter les convois. Il n'y a qu'une feule méthode à fuivre pour prendre ce royaume.

Aucun général ne commit plus de fautes que n'en fit le roi dans cette campagne. La première fut certainement de ne s'être pas pourvu de magafins affez confidérables, pour fe foutenir au moins fix mois en Bohème. On fait que pour bâtir l'édifice d'une armée, il faut fe fouvenir que le ventre en eft le fondement ; mais ce n'eft pas tout. Il entre en Saxe, fans ignorer que les

Saxons avoient accédé au traité de Worms : ou
il falloit les forcer à changer de parti, ou il falloit les écrafer avant de mettre le pied en Bohème. Il fait le fiège de Prague, & envoie un
foible détachement à Béraun contre Mr. de
Bathyani ; fi les troupes n'avoient pas fait des
prodiges de valeur, il auroit été caufe de leur
perte. Prague prife, il étoit certainement de
la bonne politique de marcher avec la moitié
de l'armée droit à Mr. de Bathyani, de l'écrafer
avant l'arrivée du prince de Lorraine, & de
prendre le magafin de Pilfen, la perte duquel
auroit empêché les Autrichiens de retourner en
Bohème : ils auroient été obligés d'amaffer de
nouveau des fubfiftances, ce qui demande du
temps ; de forte que cette campagne auroit été
perdue pour eux. Si l'on ne s'y eft pas pris
avec affez de zèle pour remplir les magafins
Pruffiens, il ne faut point l'imputer au roi, mais
aux commis des vivres, qui fe faifoient payer
les livraifons, & laiffoient les magafins vuides.
Mais comment ce prince eut-il la foibleffe
d'adopter le projet de campagne du maréchal
de Belle-Isle, qui le mena à Tabor & à Budweis,
lorfqu'il convenoit lui-même que ce projet n'étoit
conforme ni aux conjonctures, ni à fes intérêts,
ni aux loix de la guerre ? Il n'eft pas permis de
pouffer la condefcendance auffi loin. Cette faute
en entraîna une foule d'autres à fa fuite. Enfin

étoit-il bien permis de mettre son armée en cantonnemens, l'ennemi ne campant qu'à une marche de ces quartiers ? Tout l'avantage de cette campagne fut pour les Autrichiens. Mr. de Traun y joua le rôle de Sertorius, & le roi, celui de Pompée. La conduite de Mr. de Traun est un modèle de perfection, que tout militaire, qui aime son métier, doit étudier, pour l'imiter, s'il en a les talens. Le roi est convenu lui-même qu'il regardoit cette campagne comme son école dans l'art de la guerre, & Mr. de Traun comme son précepteur. La fortune est souvent plus funeste aux princes que l'adversité : la première les enivre de présomption ; la seconde les rend circonspects & modestes.

# CHAPITRE X.

*Les Autrichiens font une invasion dans la haute Siléfie & dans le comté de Glatz ; ils font repouffés par le Prince d'Anhalt & le Général Lehwald. Négociations en France. Mort de Charles VII. Intrigues des François en Saxe. Autres négociations avec les François. Négociations avec les Anglois pour la paix : difficulté qu'y met le traité de Varfovie. L'Angleterre promet fes bons offices. Préparatifs pour la campagne. Le roi part pour la Siléfie. Le jeune Électeur de Bavière fait en 1745 la paix de Fuffen avec l'Autriche.*

A Peine le roi eut-il quitté l'armée, que les Autrichiens voulurent profiter de ce qu'ils appelloient la terreur des Pruffiens. Ils entrèrent dans la haute Siléfie & dans le comté de Glatz. Mr. de Marwitz, dont le corps cantonnoit aux environs de Troppau, fe retira avant l'approche de l'ennemi à Ratibor, où il mourut. Le prince Thierry reconduifit ce corps par Cofel & Brieg, pour joindre l'armée aux environs de Neiffe. Mr. de Lehwald, qui commandoit dans le comté de Glatz, fe retira de même vers la capitale, avant que l'ennemi fût à portée. Ces retraites se firent sans perte, parce qu'en rétrogradant à propos, on fit manquer aux Autrichiens l'occasion d'en profiter. Le roi se vit alors obligé de retourner en Siléfie, pour prendre avec le vieux prince d'Anhalt des mesures capables de déranger les projets du prince de Lorraine: Le prince d'Anhalt amassa un gros corps auprès de Neisse. Le 7 janvier 1745, il passa la rivière & marcha droit à l'ennemi; ses troupes s'assembloient à la pointe du jour, & passoient les nuits en cantonnemens resserrés: A son approche, Traun abandonna le poste de Neustadt & reprit le chemin de la Moravie. Dans cette retraite, les Autrichiens couchèrent cinq jours sur la neige; il en périt beaucoup de froid, & beaucoup défertèrent. Le prince d'Anhalt ne put entamer qu'une partie de leur arrière-garde, sur laquelle il fit quelques prisonniers, après quoi il prit poste à Jægerndorff & à Troppau. Mr. de Nassau, avec un corps de 6.000 hommes, nettoya la haute Siléfie, vers Ratibor & de l'autre côté de l'Oder, des Hongrois qui l'infestoient; Mr. de Lehwald, avec un nombre pareil de troupes, revint à Glatz, pour chasser de ce comté les Autrichiens qui vouloient s'y établir. Nassau délogea sans peine les Hongrois de Troppau, & fondit brusquement sur Oderberg, & delà sur Ratibor, dès que Mr. de Traun fut

de

de retour en Moravie : 3,000 ennemis furent
furpris dans Ratibor ; les Hongrois ayant vai-
nement tenté de s'ouvrir un paffage à la pointe
de l'épée, voulurent fe fauver par le pont de
l'Oder ; mais la foule qui fe preffoit d'y paffer,
le fit rompre ; en même temps les Pruffiens
forcèrent la ville, & ce qu'ils ne pafsèrent pas
au fil de l'épée, fe noya ou fut pris. Un autre
corps Hongrois, commandé par le général
Caroli, n'attendit pas l'approche de Mr. de
Naffau, & fe retira de Pleffe dans la principauté de Tefchen. Dans ce temps là Mr. de
Lehwald s'avançoit vers Wenzel-Wallis, qui
s'étoit porté fur Habelfchwerd. Cette ville eft
fituée dans une vallée qui confine à la Moravie. Lehwald entra par Johannesberg, dans le
pays de Glatz, & fe trouva bientôt vis-à-vis
des ennemis, poftés dans un terrein avantageux
auprès du village de Plomnitz ; devant leur
front ferpentoit un ruiffeau, dont les bords en
bien des endroits étoient d'un accès difficile.
Rien n'arrêta Mr. de Lehwald ; il attaqua les
Autrichiens, les troupes furmontèrent tous les
obftacles, elles franchirent le ruiffeau, gravirent
la montagne, & fondirent fi brufquement & avec
tant d'audace fur l'ennemi, qu'ils le chafsèrent
de fon pofte. Les Autrichiens tentèrent de fe
reformer dans un bois qui étoit derrière le champ
de bataille ; mais ils en furent empêchés par

13 Fév.
1745.

les grenadiers Pruffiens, qui les pourfuivirent la baïonnette au bout du fufil. Derrière ce bois il y avoit une petite plaine, puis un taillis, dont l'ennemi tenta pour la feconde fois de profiter ; mais on l'attaqua fi impétueufement, que la confufion devint entière & la fuite générale. Lehwald n'avoit que 400 houfards, qu'on crut fuffire dans un pays montueux & difficile ; s'il avoit eu plus de cavalerie, peu d'ennemis auroient échappé. Ce corps, qui s'enfuit en Bohème, perdit 900 hommes à cette affaire. Les Pruffiens prirent trois canons, & firent 100 hommes prifonniers ; il ne leur en coûta que 30 foldats tant morts que bleffés. On regretta beaucoup le brave colonel Gaudi, officier de réputation ; il avoit rendu un fervice important au feu roi au fiège de Stralfund ; il indiqua un paffage par lequel on fe rendit maître du retranchement des Suédois, en le tournant du côté de la mer, qui alors étoit baffe. Tant de fuccès auffi rapides encouragèrent les Pruffiens, & ôtèrent aux troupes de la reine l'envie de prolonger davantage cette campagne. Chacun retourna de fon côté dans les quartiers d'hiver, & demeura tranquille chez foi.

La fortune avoit encore marqué fa faveur aux Pruffiens, par la naiffance d'un fils dont la princeffe de Pruffe étoit accouchée ; ce qui affuroit la fucceffion à la branche régnante,

Le 25 feptemb. 1744.

qui jufqu'alors ne s'étoit étendue qu'aux trois frères du roi. A Berlin, la cour attendoit l'arrivée du maréchal de Belle-Isle, que Louis XV envoyoit à fes alliés, pour concerter avec eux les mefures à prendre pour l'ouverture de la campagne prochaine. Le maréchal s'étoit rendu à Munich, delà à Caffel, où il fut averti d'éviter, pour fe rendre à Berlin, le chemin par le pays de Hanovre. On lui indiqua une route plus fûre qui menoit par le Eichsfeld à Halberftadt. Le maréchal, imbu de fon caractère d'ambaffadeur & du titre de prince d'Allemagne, rejeta cet avis, & par une fuite de cet aveuglement, prit le chemin ordinaire. A peine arrive-t-il à Elbingerode, que des dragons Hanovriens l'arrêtent; il a la préfence d'efprit de déchirer tous fes papiers. On le mène en triomphe à Hanovre; où le confeil s'applaudit d'avoir pris un maréchal de France, l'homme de confiance de la ligue de Francfort, enfin un homme qui jouoit un fi grand rôle en Europe: il eft transféré en Angleterre; on lui donne pour prifon le château de Windfor, où il refte quelques mois, & il n'eft échangé qu'après la bataille de Fontenoy. La fierté du roi de France fouffroit de l'affront que les Hanovriens lui faifoient dans la perfonne de fon ambaffadeur. On difoit à Verfailles que les Hanovriens avoient manqué dans cette occafion au refpect dû à la majefté

impériale & au droit des gens, en arrêtant fur
les grands chemins, & comme un voleur, un
homme revêtu d'un caractère public. On difoit
à Londres, qu'après la déclaration de guerre,
tout officier François qui paffoit fans paffe-
port fur les terres du roi d'Angleterre, pouvoit être arrêté de bon droit : qu'on regardoit le maréchal de Belle-Isle comme officier
& non comme ambaffadeur, ce caractère n'étant
point indélébile, & n'étant valable qu'à la cour
où le miniftre eft accrédité. Il n'y avoit proprement que la vengeance du roi d'Angleterre
d'intéreffée à l'humiliation du maréchal de
Belle-Isle. George le regardoit comme l'auteur
de la guerre d'Allemagne, comme un homme
qui l'avoit forcé à donner fa voix à l'empereur Charles VII, & qui l'avoit contraint
en 1741 d'accepter la neutralité, lorfque le
maréchal de Maillebois menaçoit l'électorat
de Hanovre. Le maréchal de Belle-Isle étoit
donc regardé comme l'ennemi juré de la maifon de Brunswick. A ces défagrémens pu-
blics qu'effuyoit Louis XV, il s'en joignoit
de particuliers. La ducheffe de Châteauroux,
exilée de Metz, mourùt de douleur d'avoir
effuyé un traitement fi rigoureux. La conva-
lefcence du roi réveilla fes premiers feux ;
l'amour que la religion avoit offenfé, s'en
vengea à fon tour, en ranimant plus vivement

que jamais dans le cœur du roi fa paffion pour la maîtreffe. Dans le temps qu'on négocioit fon retour, il apprend qu'elle eft morte. Jamais Sacrement ne caufa tant de remords que celui que Louis XV avoit reçu à Metz ; il fe reprocha la mort d'une perfonne qu'il avoit tendrement aimée ; des défirs qu'il ne pouvoit plus fatisfaire, & des regrets inutiles émurent fi violemment fa fenfibilité, qu'il fe retira pour quelque temps du monde. La maladie de ce prince, funefte à fes alliés & à fa maîtreffe, lui procura au moins la fatisfaction la plus douce qu'un fouverain puiffe avoir, celle d'obtenir le nom de Louis le Bien-Aimé, défignation préférable au titre de Saint & de Grand, que la flatterie & rarement la vérité donne aux rois.

Si le roi de France éprouvoit des contretemps, la Pruffe étoit expofée à des malheurs plus réels, depuis la fâcheufe campagne de 1744 en Bohème : d'auxiliaire elle étoit devenue partie belligérante, & le théâtre de la guerre, qui avoit été en Alface, s'étoit tranfporté fur les frontières de la Siléfie. La mauvaife volonté des Saxons s'étoit manifeftée affez ouvertement pour qu'on pût prévoir que fi cela dépendoit d'eux, ils tâcheroient d'attirer la guerre au cœur des anciens états Pruffiens. Il falloit, pour réfifter à ces ennemis, des dépenfes exorbitantes, & avec cela même il

I 3

auroit été presque impossible d'éviter la ruine du plat pays. Ces considérations faisoient envisager la paix comme l'unique moyen de se tirer d'une situation aussi critique. La France s'étoit engagée d'assister efficacement les Prussiens. Le roi écrivit une lettre pathétique à Louis XV, pour lui rappeller ses engagemens; il parut par sa réponse qu'il étoit aussi froid pour l'intérêt de ses alliés que sensible aux siens propres; cependant la guerre de Bohème ne s'étoit faite que pour sauver l'Alsace.

Il ne manquoit plus pour embrouiller davantage la politique des puissances Européennes, que la mort de l'empereur Charles VII. Ce prince décéda le 18 janvier de l'année 1745 Il poussa la bienfaisance à l'excès, & la libéralité à un tel point, qu'il fut réduit lui-même à l'indigence : il perdit deux fois ses états, & sans sa mort, qui prévint les malheurs qui l'attendoient, il seroit sorti pour la troisième fois de sa capitale en fugitif Ce fut là le moment de la dissolution de la ligue de Francfort, à laquelle les François avoient déjà porté atteinte, en ne remplissant aucun des articles de cette alliance. Le nom de l'empereur avoit légitimé l'association des princes qui avoient pris sa défense; toutes leurs démarches avoient été conformes aux loix de l'Empire ; dès qu'il ne fut plus, l'objet de cette liaison étoit détruit. Les princes de l'Empire

n'avoient plus un but commun, & les mêmes
intérêts ne les attachoient plus à ceux de la
Pruſſe. Il étoit facile de prévoir que la nouvelle
maiſon d'Autriche tenteroit l'impoſſible pour
faire rentrer dans ſa maiſon la couronne impériale. A Verſailles on regardoit en ſecret la mort
de l'empereur comme un heureux dénouement,
qui alloit terminer les embarras de la France.
On étoit las de lui payer des ſubſides conſidérables, & l'on ſe flattoit de faire avec la reine
de Hongrie un troc de la couronne impériale
contre une bonne paix. Ce qui donnoit le plus
d'avantage à la cour de Vienne pour l'élection,
c'étoit que le tiers des électeurs étoit aux gages
du roi d'Angleterre, & que l'électeur de
Mayence, dont l'influence avoit du poids dans
les délibérations de l'Empire, étoit dévoué à
la reine de Hongrie. De plus, quel candidat
pouvoit-on oppoſer au grand-duc de Toſcane ?
L'électeur Palatin étoit trop foible, le jeune
électeur de Bavière n'avoit point encore l'âge
preſcrit par la bulle d'or pour être éligible. Le
trône impérial étoit regardé comme incompa-
tible avec celui de la Pologne, ce qui ſembloit
exclure l'électeur de Saxe ; il ne reſtoit donc
que le grand-duc de Toſcane, ſoutenu par les
armées de la reine de Hongrie, par l'argent des
Anglois, & par les intrigues du clergé. La cour
de Verſailles ſentoit les difficultés qu'elle ren-

contreroit cette fois à exclure le grand-duc du trône ; elle voulut cependant lui fufciter des rivaux, pour rendre les conditions de fon accommodement plus avantageufes. Le comte de Saxe contribua le plus à faire tomber le choix de la cour fur Augufte III, roi de Pologne. Mr. d'Argenfon faifit vivement cette idée, dans la vue de brouiller par cette rivalité le roi de Pologne & la reine de Hongrie : il ne crut trouver d'oppofition à l'exécution de ce projet, que de la part de la Pruffe, étant exactement informé des fujets de mécontentement qui fubfiftoient entre ces deux princes.

En effet, le roi de Pologne n'avoit rien négligé pour rendre le roi de Pruffe irréconciliable. Dès le commencement de l'année 1744, Augufte avoit effayé de faire accéder la république de Pologne à l'alliance qu'il venoit de conclure avec la maifon d'Autriche, & qui n'étoit proprement qu'un renouvellement de garantie de la Pragmatique-Sanction. Il repréfenta à la diète de Varfovie la néceffité d'augmenter l'armée de la couronne de 20,000 hommes, pour réfifter aux deffeins d'un voifin ambitieux, qui alloit incontinent fondre fur la république : il conclut une alliance offenfive & défenfive avec la Ruffie ; tout le monde fe difoit à l'oreille que c'étoit contre la Pruffe. Le roi de Pologne ayant paffé par la Siléfie pour fe rendre à là diète de Pologne, il n'y eut point d'impoſtures qu'il ne débitât, tant à Varſovie qu'aux autres cours de l'Europe, ſur le peu d'égards qu'on avoit eus pour ſa famille & pour ſa perſonne, quoique tous les reſpects qu'on doit aux têtes couronnées lui euſſent été rendus. Le paſſage des troupes Pruſſiennes par la Saxe fit crier encore plus fort : on leur alléguoit comme exemple pareil, qu'en l'année 1711 les Saxons avoient paſſé par le Brandebourg pour attaquer les Suédois ; ils trouvoient ces exemples bons pour eux & mauvais pour les autres. On avoit offert au roi de Pologne d'avoir ſoin de ſes intérêts, de marier la princeſſe Marianne ſa fille au fils de l'empereur. Les miniſtres François & Pruſſiens n'épargnèrent pas même des offres conſidérables pour gagner le comte de * * *, & pour lui perſuader de prendre le parti de l'empereur : le tout en vain. La place étoit déjà priſe & occupée par les Anglois, les Autrichiens & les Ruſſes. Tant de traits de mauvaiſe volonté de la part des Saxons, n'empêchèrent pas qu'avant la guerre, le roi ne permît à 6 régimens qu'ils avoient en Pologne, de traverſer la Siléſie pour ſe rendre en Luſace.

Selon le traité du roi de Pologne avec la reine de Hongrie, il ne devoit en cas de guerre lui fournir que 6,000 hommes. Dès que les Pruſſiens furent en Bohème, 22,000 Saxons

se joignirent aux Autrichiens, & la Saxe interdit
aux Prussiens le passage des vivres & des munitions de guerre ; cela étoit équivalent à une
déclaration de guerre dans les formes. Le roi
de Prusse crut devoir avertir ces voisins si acharnés contre lui, des mauvaises affaires qu'ils
alloient s'attirer à eux-mêmes : cette déclaration, peut-être faite à contre-temps, révolta
leur amour-propre, & augmenta encore la haine
qu'ils avoient pour les Prussiens. Lorsque ceux-
ci abandonnèrent la Bohème, le comte de * * *
attribua leur malheur à son habileté ; il dit que
la reine de Hongrie devoit la Bohème à la
valeur des troupes Saxonnes, & se vanta d'en
avoir chassé les Prussiens.

De * * *, non content de ces fanfaronnades,
avoit sur-tout à cœur de brouiller le roi de Prusse
avec la république de Pologne. Il faut se rappeller
qu'il y a une loi sévère dans cette république
contre ceux qui corrompent un membre de la
diète. De * * *, à force de récompenses, engagea
un staroste, nommé Wilczewsky, à déclarer en
pleine diète, que le ministre Prussien l'avoit cor-
rompu, moyennant la somme de 5,000 ducats ;
ce qu'il fit d'un air repentant, & d'un ton de
vérité qui auroit pu séduire ; mais il fut sévére-
ment examiné & confondu par ses propres dé-
positions. La diète de Grodno fut rompue incontinent, après qu'elle eut rejeté l'alliance de

l'Autriche & l'augmentation de l'armée. La Pologne fourmilloit alors de mécontens, comme c'eſt l'ordinaire dans les états républicains, où la liberté ne ſubſiſte que par les partis différens qui contiennent alternativement l'ambition des factions contraires. Ces mécontens offrirent au roi de Pruſſe de faire une confédération contre les Czartorinsky, les Potocky, ou proprement contre Auguſte III. Ç'auroit été le moyen de ſuſciter bien des embarras au roi de Pologne ; mais le roi de Pruſſe, qui loin de vouloir attiſer le feu de la guerre, déſiroit de l'éteindre, eut aſſez de modération pour conſeiller à ces Palatins de ne point troubler la tranquillité de leur patrie ; il fit même offrir à ce prince qui l'avoit ſi vivement offenſé, & qui vouloit retourner en Saxe, toutes les ſûretés qu'il pouvoit ſouhaiter pour ſon paſſage par la Siléſie. Les refus d'Auguſte III ne ſe reſſentirent pas de la politeſſe qui régnoit autrefois à ſa cour ; il prit le chemin de la Moravie, province dont il méditoit la conquête en 1742. Il s'aboucha avec l'empereur à Olmutz, d'où il pourſuivit ſon chemin par Prague pour ſe rendre à Dresde. De * * * & ſon épouſe ſe rendirent à Vienne, où ils recueillirent les fruits de leur politique.

Dès que de * * * fut de retour à Dresde, il expédia ſon premier commis, ſon homme de confiance, un certain Saul, à la cour de

Vienne, pour régler avec Bartenſtein, miniſtre de la reine, le partage de la Siléſie. Ce fut un article ſecret, qu'on ajouta au traité de Varſovie. On promettoit au roi de Pologne la principauté de Glogau & celle de Sagan ; il s'engageoit à faire agir offenſivement ſes troupes en Siléſie, à renoncer à ſes prétentions à la couronne impériale, & à donner ſa voix au grand-duc de Toſcane ; il offroit de plus de porter ſon corps d'auxiliaires à 30,000 hommes. On diffère ſur les avantages que la reine de Hongrie promit au roi de Pologne ; quelques perſonnes prétendent que la cour de Vienne ſe chargea ſimplement d'avoir ſoin de ſes intérêts à la pacification générale, & qu'elle promit au comte de * * * la principauté de Teſchen avec la dignité de prince de l'Empire. Quoi qu'il en ſoit, il n'eſt pas naturel que le roi ait été ſéduit par ces dernières conditions : la vraiſemblance donne du poids au partage de la Siléſie ſtipulé par le traité ; & ce qui augmente les apparences, c'eſt que le comte de St-Séverin, qui étoit pour lors ambaſſadeur de France en Pologne, crut avoir découvert cette particularité, dont le bruit étoit aſſez généralement répandu.

Tant de traités entre la cour de Vienne & celle de Dresde, augmentoient les ombrages que la Pruſſe en devoit prendre. Le temps

d'ouvrir la campagne approchoit. Cagnoni ,
chargé des affaires de la Pruſſe à Dresde , reçut
ordre de faire expliquer le comte de *** ſur
l'uſage auquel il deſtinoit les troupes Saxonnes
qui étoient en Bohème , & en un mot , de
tirer de lui une déclaration cathégorique , ſi
ces troupes attaqueroient les provinces de la
domination Pruſſienne ou non. De *** battit la
campagne , & crut diſſimuler ſes intentions ,
qui étoient connues à toute l'Europe. Ces
deux cours étoient en ces termes , lorſque la
France fit propoſer au roi de mettre la couronne impériale ſur la tête d'un ennemi qui
l'avoit ſi griévement offenſé. Si ce prince n'a-
voit conſulté que ſon reſſentiment , il auroit
rejeté bien loin une ſemblable propoſition. Il
prit un parti plus modéré. La ſaine politique
demandoit qu'il employât tous les moyens poſſibles de déſunir deux cours qui s'étoient
liguées contre lui : au cas que le titre d'empereur flattât le roi de Pologne , ſes prétentions & celles de la reine de Hongrie devoient
les rendre irréconciliables ; alors le roi avoit
beau jeu , car en s'accommodant avec la maiſon d'Autriche , il pouvoit fruſtrer Auguſte III
du trône qu'il briguoit. Mais ce qui rendoit ce
projet de la France impoſſible dans l'exécution , c'eſt que la couronne impériale & celle de
Pologne , ne pouvant pas ſe réunir ſur la même

tête, il auroit fallu préalablement qu'Augufte abdiquât celle de Pologne, ce qui ne lui étoit pas permis felon les loix de ce royaume. Le roi de Pruffe ne fit donc point le difficile, fe prêtant à tout ce que la France exigeoit de lui pour travailler conjointement avec elle à ce projet chimérique. Mr. le chevalier de Court avoit été chargé de cette négociation à Berlin : il s'étoit attendu à trouver de la part du roi, plus de réfiftance à confentir à l'élévation de fon ennemi, & il regarda fon confentement comme une marque de la condefcendance de ce prince pour fa cour.

Mais le roi n'eut pas lieu d'être auffi fatisfait des plans que ce miniftre propofoit pour la campagne prochaine. Malgré fes paroles emmiellées, on s'appercevoit que le deffein de la France n'étoit point de faire des efforts en faveur de fes alliés. On ne vouloit prendre aucun arrangement pour les fubfiftances de l'armée de Bavière ; on vouloit différer le plus que l'on pourroit l'ouverture de la campagne. Les Allemands devoient affiéger Paffau, les François Ingolftadt, & perfonne ne penfoit aux entreprifes que les Autrichiens pouvoient tenter dans cet intervalle. L'armée de Mr. de Maillebois s'étoit retirée de la Lahn derrière le Mein ; les François vouloient la renforcer & la laiffer dans l'inaction.

Les principales forces de cette monarchie devoient fe porter en Flandre, où Louis XV
avoit réfolu de faire une feconde campagne ;
& la diverfion dans le pays de Hanovre, ftipu-
lée par le traité de Verfailles, fut abfolument
rejetée alors par le miniftère. Après que le roi
eut épuifé toutes les raifons qui auroient pu
faire changer de fentiment le miniftre de France,
il dreffa une efpèce de mémoire, qu'il envoya
à Louis XV, dans lequel les opérations militaires des armées étoient adaptées aux vues
politiques des deux cours, & leurs mouvemens compaffés d'après la fituation actuelle où
elles fe trouvoient, d'après les conjonctures
préfentes, & la poffibilité de l'exécution. Il y
étoit propofé de porter l'armée de Maillebois au-delà de la Lahn, entre la Franconie,
la Weftphalie & le bas Rhin, afin de brider
l'électeur de Hanovre par ce voifinage, & de
l'empêcher d'envoyer des fecours en Bohème
pour favorifer l'élection du grand-duc. Cette
armée fervoit de plus à tenir tous ces cercles
en refpect, de même qu'à protéger l'électeur
Palatin, le landgrave de Heffe, & tous les
alliés du défunt empereur. Quand même ce
moyen n'auroit pas été fuffifant pour exclure
entiérement le grand-duc du trône impérial,
il rendoit toujours les François maîtres de traîner en longueur cette élection, & qui gagne

du temps, a tout gagné. Le roi infiftoit également pour qu'on pourvût l'armée de Bavière de fubfiftances, ainfi que d'un bon général, & qu'elle s'affemblât auffi-tôt que les Autrichiens commenceroient à fe remuer dans leurs quartiers, afin que les Pruffiens & les Bavarois fiffent leurs efforts en même temps contre leurs communs ennemis. Il avertiffoit auffi fes alliés, que la campagne de 1744 l'ayant fait revenir de la maxime de pourfuivre avec ardeur fa pointe, il ne s'enfonceroit plus dans le pays de la reine, qu'autant qu'il pourroit être fuivi de fes fubfiftances ; qu'ayant les Autrichiens & les Saxons fur les bras, étant de plus menacé des Ruffes, il avoit befoin de redoubler de prudence ; & que fi les François ne prenoient pas de bonnes mefures pour traverfer l'élection impériale, il fe trouveroit néceffité à faire fa paix avec la reine de Hongrie. Les François envoyèrent fur cela Mr. de Valori à Dresde, pour perfuader au roi de Pologne de briguer le trône impérial ; mais le traité de Varfovie, l'afcendant des Ruffes à cette cour, & les guinées angloifes lioient les mains aux Saxons.

Ce prélude confirmoit la cour de Berlin dans l'opinion que le grand-duc deviendroit empereur, que l'armée des alliés feroit malheureufe en Bavière, que les François n'auroient

roient à cœur que leur campagne de Flandre,
& que leurs alliés feroient fagement de penfer
à eux-mêmes. Il auroit été à fouhaiter qu'on
eût pu parvenir à pacifier tous ces troubles,
afin de prévenir une effufion de fang inutile ;
mais les tifons de la difcorde jetoient de nouvelles étincelles fur toute l'Europe, & la bourfe
des grandes puiffances n'étoit pas encore épui-
fée. Les Pruffiens entamèrent à tout hafard
une négociation avec les Anglois ; ils fe fon-
doient fur l'efpérance de trouver alors les
efprits plus enclins à la paix, & fur une révolution qui venoit d'arriver dans le miniftère
anglois. Depuis que le lord Carteret avoit
fait le traité de Worms, la nation Angloife
avoit changé de difpofitions à fon égard. On
lui reprochoit d'être emporté & fougueux, &
d'outrer tout par un effet de fa vivacité. Un
mécontentement général obligea le roi à ren-
voyer un miniftre qui étoit entré dans toutes
fes vues, & qui couvroit fous l'apparence de
l'intérêt national, tous les pas que George faifoit en faveur de fon électorat : ce prince eut
la mortification de ne pas pouvoir difpofer des
fceaux, & fut obligé de les remettre au duc
de Newcaftle. Le lord Harrington devint miniftre ; le peuple appella ce nouveau confeil,
la faction des Pelhams, parce que ceux qui le
compofoient, étoient de cette famille. Ces

*Tome II.* K

nouveaux miniſtres écartèrent toutes les créatures de Carteret ; mais ils ne pouvoient rompre
les traités qu'il avoit conclus, ni changer ſubitement le mouvement impulſif qu'il avoit donné
aux affaires générales de l'Europe. Carteret
étoit faux, ſans garder les ménagemens que
les caractères les plus malhonnêtes emploient
pour déguiſer leurs vices. Harrington avoit la
réputation d'homme de probité ; plus timide
que ſon prédéceſſeur, il réparoit ce défaut
par toutes les qualités d'une ame bien née. Prévenu par le caractère perſonnel du miniſtre,
on tenta par ſon moyen de trouver quelqu'a-
cheminement à la paix générale. Voici quelques idées eſquiſſées qu'on lui communiqua :
On pourvoira Dom Philippe d'un établiſſement
en Italie ; la France gardera de ſes conquêtes,
Ypres & Furnes, moyennant quoi l'Eſpagne
prolongera pour 20 années, ou plus, la contre-
bande des Anglois ; tous les alliés reconnoî-
tront empereur le grand-duc de Toſcane ; la
Pruſſe demeurera en poſſeſſion de la Siléſie,
ſelon la teneur du traité de Breslau. Les miniſtres Anglois déclinèrent la négociation ſur ces
articles ; c'eſt que le roi déſiroit la continuation
de la guerre, & qu'il contrecarra toutes les
meſures des Pelhams pour la terminer. La cauſe
de ces refus obſtinés fut enfin découverte à La
Haye. Le plus beau génie, & en même temps

l'homme le plus éloquent de l'Angleterre, le lord Chefterfield, étoit alors ambaffadeur en Hollande; il ne cacha point au comte de Pode-wils, miniftre de Pruffe auprès des États-Géné-raux, que le traité de Varfovie mettoit des entraves à la bonne volonté des Pelhams; que par conféquent le roi de Pruffe ne pouvoit point fe flatter de réuffir par des négociations, mais devoit s'oppofer vigoureufement aux deffeins de fes ennemis, qui tramoient fa perte. Cela n'em-pêcha pas que les fréquentes infinuations du miniftre Pruffien à Londres, ne concilialfent entiérement au roi de Pruffe l'affection du nou-veau miniftère, qui fit affurer ce prince qu'il n'attendoit que les occafions pour le fervir. Le confeil de milord Chefterfield étoit le meilleur qu'on pût fuivre.

On continua de négocier, mais l'attention principale du roi fe tourna fur tous les objets qui pouvoient lui affurer d'heureux fuccès pour la campagne prochaine. Un des plus importans fans doute étoit de former en Siléfie de gros magafins; rien ne fut épargné pour les rendre confidérables. On fit des efforts pour recom-pléter les troupes. Le foldat étoit largement entretenu dans les quartiers d'hiver, la cavalerie étoit remontée & complète; plus de 6,000,000 furent tirés du tréfor pour fournir à tant de frais; outre cela les états avancèrent à titre d'emprunt

1,500,000 écus. Toutes ces fommes furent dépenfées pour que le roi pût réparer en 1745 les fautes qu'il avoit faites en Bohème en 1744. Après avoir mis la dernière main à ces prépa-
15 Mars. ratifs, le roi partit de Berlin pour fe rendre en Siléfie.

Il apprit en chemin que l'électeur de Bavière avoit figné avec la reine de Hongrie le traité de Fuffen. Voici comment cette paix fut amenée. Immédiatement après la mort de l'empereur, Seckendorff s'étoit démis du commandement de l'armée; mais il en avoit fi mal difpofé les quartiers, que ces troupes étoient toutes éparpillées; le terrein qu'elles occupoient étoit trop vafte. Les Autrichiens, maîtres des places fortes & du cours du Danube, voyoient de quelle importance il étoit pour eux de finir d'un côté, avant de commencer leurs opérations d'un autre, & jugèrent par la pofition des Bavarois & de leurs alliés, qu'ils en auroient bon marché. Mr. de Bathyani prévint fes ennemis, qui étoient trois fois plus forts que lui, mais qui ne vouloient fe raffembler qu'à la fin de mai. A la tête de 12,000 hommes, qui faifoient toutes fes forces, il paroît entre Braunau & Scharding, fond fur les quartiers difperfés des alliés, & leur prend Pfarrkirchen, Wilshofen & Landshut, avec le peu de magafins que les Bavarois y avoient amaffés, en même temps qu'un autre détachement d'Autrichiens paſſe le Danubé à Deckendorff, coupe les Heſſois des Bavarois, les oblige à paſſer l'Inn, enſuite à mettre les armes bas, & chaſſe les Bavarois fugitifs au-delà de Munich. Le jeune électeur, à peine ſouverain, eſt obligé de quitter ſa capitale à l'exemple de ſon père & de ſon grand-père ; il ſe retire à Augsbourg. Mr. de Ségur, avec les François & les Palatins qu'il avoit ſous ſon commandement, n'éprouva pas un ſort plus favorable : il fut battu en ſe retirant auprès de Pfaffenhofen ; les Autrichiens occupèrent en même temps le pont du Rhin, ce qui le mit dans la néceſſité de gagner Donawert avant l'ennemi. Tandis que les Bavarois, fuyant comme un troupeau ſans berger, ſe ſauvoient à Friedberg, Seckendorff reparut à la cour de l'électeur de Bavière dans ce bouleverſement total, non point comme un héros qui trouve des reſſources dans ſon génie lorſque le vil peuple déſeſpère, mais comme une créature de la cour de Vienne, & avec l'intention de ſéduire un jeune prince ſans expérience & accablé de malheurs. Les François avoient déjà dès la campagne précédente, ſoupçonné ce maréchal de s'être laiſſé corrompre, parce qu'en Alſace il n'avoit pas agi contre les Autrichiens conformément à ce qu'on devoit attendre de lui ; on l'avoit trouvé ſans énergie lorſqu'il attaquoit l'ennemi, & mou dans la pourſuite lorſqu'il pouvoit le détruire. On l'accufoit d'avoir exprès féparé les quartiers des alliés, pour les livrer pieds & poings liés à leurs ennemis. On avançoit même qu'il avoit reçu de la reine de Hongrie 300,000 florins des arrérages qui lui étoient dûs par l'empereur Charles VI, pour décider l'électeur de Bavière à faire fa paix. Il y a apparence que la cour de Vienne lui avoit fait entrevoir des avantages ; on pouvoit lui avoir promis cette fomme ; mais alors la cour de Vienne n'étoit guère en état de l'acquitter. Ce qui dépofe le plus contre lui, ce font les mouvemens qu'il fe donna pour accélérer ce traité de Fuffen. Il produifit de fauffes pièces au jeune électeur ; il lui montra des lettres fuppofées du roi de Pruffe, dans lefquelles celui-ci lui faifoit part de la paix qu'il alloit conclure avec la reine de Hongrie ; il releva des avantages imaginaires que les armes de cette princeffe avoient remportés en Flandre & en Italie ; enfin il le conjura de terminer fes différends avec elle, pour éviter fa ruine totale. L'électeur, jeune & fans expérience, fe laiffa entraîner par les créatures de la cour de Vienne, dont Seckendorff l'avoit environné. L'empereur fon père lui avoit dit en mourant : » N'oubliez jamais les fervices que le » roi de France & le roi de Pruffe vous ont » rendus, & ne les payez pas d'ingratitude ». Ces paroles, qu'il avoit dans l'efprit, rendirent

un moment fa plume immobile entre fes doigts ;
mais l'abyme où il fe trouvoit, les impoftures
de Seckendorff, & l'efpérance d'une meilleure
fortune, le déterminèrent à figner le traité de
Fuffen le 22 avril de l'année 1745. Par ce
traité, la reine de Hongrie renonça à tout dé-
dommagement, & promit de rétablir l'électeur
dans la poffeffion entière de fes états ; de fon
côté, l'électeur renonça pour lui & pour fa poftérité, à toutes les prétentions que la maifon de
Bavière avoit aux états de la maifon d'Autriche ;
il adhéra à l'activité de la voix de Bohème, &
engagea la fienne pour l'élection du grand-duc
à la dignité impériale ; il promit de plus de ren-
voyer fes auxiliaires, à condition qu'ils ne feroient point inquiétés dans leur retraite, & que
la reine de Hongrie s'engageroit à ne plus tirer
de contributions de la Bavière. Ces derniers
articles furent fi mal obfervés par les Autrichiens, qu'ils défarmèrent les Heffois, & les
menèrent comme prifonniers en Hongrie, & que
fous prétexte d'arrérages, ils tirèrent encore de
groffes contributions de la Bavière. C'eft ainfi
que finit la ligue de Francfort, & que les Autrichiens firent voir, que lorfqu'ils font foutenus par
la profpérité, rien n'eft plus dur que le joug
qu'ils impofent. Mais quel fpectacle plus inf-
tructif pour les *bifognofi di gloria*, & pour les
politiques qui fe flattent de déterminer les futurs.

K 4

contingens, que le réfumé de ce qui arriva au commencement de cette année ? L'empereur décède, fon fils fait la paix avec la reine de Hongrie, le grand-duc de Tofcane va devenir empereur, le traité de Varfovie ligue la moitié de l'Europe contre la Pruffe, l'argent pruffien retient la Ruffie dans l'inaction, l'Angleterre commence à pencher pour la Pruffe. Le roi avoit bien pris fes mefures pour fe défendre ; c'étoit donc de la campagne qui alloit s'ouvrir, qu'al-loient dépendre la réputation & la fortune des Pruffiens.

---

# CHAPITRE XI.

*Campagne d'Italie. Campagne de Flandre. Ce qui fe paffa fur le Rhin. Événemens qui précédèrent les opérations de l'année 1745.*

POur ne point interrompre dans la fuite le fil de notre narration, nous croyons qu'il eft à propos de rapporter en abrégé ce qui fe paffa en Italie, en Flandre & fur le Rhin, avant que d'en venir aux opérations des troupes Pruf-fiennes en Siléfie. Il faut fe rappeller que Mr. de Gages avoit pris fon quartier à Terny, & qu'il établit fes Efpagnols & fes Napolitains des

deux côtés du Tibre. Mr. de Lobkowitz avoit
fon quartier à Imola ; l'armée de Dom Philippe
étoit en partie en Savoie & en partie dans le
comté de Nice. Les Efpagnols ouvrirent la
campagne par la prife d'Oneglia. L'armée Françoife & Efpagnole s'affembla aux environs de
Nice. Le prince de Lobkowitz s'avança alors
jufqu'à Céfène ; Mr. de Gages marcha à lui,
le battit le 31 mars auprès de Rimini, lui prit
700 prifonniers, le pourfuivit jufqu'à Lugo ; le
prince Lobkowitz fe retira delà par Boulogne,
paffa le Panaro, & fe pofta à Campo-Santo.
Mr. de Gages paffa prefque en même temps le
Panaro auprès de Modène , & s'avança fur les
bords de la Trébie, d'où il s'ouvrit une communication avec l'infant par l'état de Gènes.
Mr. de Lobkowitz marcha à Parme, où il
affembla 15,000 hommes , dans l'efpérance
d'empêcher la jonction des deux armées ; mais
Mr. de Gages paffa l'Apennin & la rivière de
Magra, fans s'embarraffer des troupes qui har-
celoient fon arrière-garde ; il défila fous les murs
de Gènes, & gagna la vallée de Polfevero ; ce
qui engagea les Autrichiens à fe porter fur Tortone. Dom Philippe & Maillebois quittèrent
les environs de Nice le 1 de juin, marchèrent
le long de la mer en remontant la rivière de
Gènes, & continuèrent leur route, fans s'in-
quiéter de 12 vaiffeaux de guerre Anglois qui

leur lâchèrent de grandes bordées de canon à leur paffage , & leur tuèrent quelque monde. Les Efpagnols éprouvèrent alors à la fois les effets de la bonne & de la mauvaife fortune. Les Piémontois furent affez rufés pour leur brûler huit magafins aux environs de Ventimiglia ; dans ce temps même les Génois fe déclarèrent contre le roi de Sardaigne, & joignirent leurs troupes, confiftant en 10,000 hommes, à celles de l'infant. Les Autrichiens , qui ne connoiffoient ni le mérite , ni le prix des bons généraux , avoient renvoyé le maréchal Traun , qui s'étoit furpaffé l'année précédente , tant en Alface qu'en Bohème : ils choifirent le prince Lobkowitz , pour le placer à côté du prince de Lorraine. Lobkowitz fut donc rappellé d'Italie , & le comte de Schulenbourg prit fon pofte jufqu'à l'arrivée du prince de Lichtenftein , auquel la cour avoit déféré le commandement de fon armée d'Italie. Schulenbourg ne fut pas plus heureux contre Mr. de Gages, que ne l'avoit été fon prédéceffeur , tant le génie de cet Efpagnol avoit d'afcendant fur celui des généraux Autrichiens. De Gages pouffa fon nouvel adverfaire, de Novi jufqu'à Rivalta , tandis que Dom Philippe pénétra dans le Montferrat par Cairo , s'empara d'Aqui , & fe joignit avec l'armée Napolitaine & Efpagnole à Afti. Schulenbourg paffa le Tanaro & fe pofta au confluent de cette rivière dans le Pô ;

auprès d'un bourg nommé Baffignano. L'infant faifit cette occafion ; il fit inveftir Tortone & marcha aux Autrichiens, qui fe retirèrent au-delà du Pô, brûlant & détruifant derrière eux tous leurs ponts. Tortone avec fa citadelle fe rendit aux Efpagnols. Un fecours de 8,000 Efpagnols & Napolitains arriva de la Romagne, fous les ordres du duc de la Vieuxville, paffa par le grand duché de Florence, prit Plaifance & fa citadelle, & contraignit les Autrichiens à quitter le territoire de Parme. De Gages paffe auffi-tôt le Pô à Parpanaffo, tandis que l'infant quitte Alexandrie, franchit le Tanaro, attaque les Autrichiens le 27 feptembre à Baf-fignano, & remporte la victoire ; il met le fiège devant Alexandrie, qui fe foumet à la citadelle près ; Valence, Vigevano, & beaucoup d'autres villes que nous fupprimons, reçurent la loi du vainqueur. Dans ces conjonctures arrive le prince de Lichtenftein, pour prendre le commandement d'une armée battue, affoiblie & découragée. Il ne s'agit point d'examiner fi la cour de Vienne auroit pu faire un choix de généraux différens ; il eft toujours fûr que celui-ci ne porta aucun remède au délabrement des affaires : perfonne ne s'oppofa aux progrès des vainqueurs ; ils prirent Cafal, Afti & Lodi au roi de Sardaigne. L'infant entra victorieux dans Milan, & bloqua avec 18,000 hommes la cita-

delle de cette ville. Les Eſpagnols étoient donc
à la fin de cette campagne maîtres de preſque
toute la Lombardie, à l'exception de Turin,
de Mantoue, & de quelques citadelles qu'ils
tenoient bloquées. Ces ſuccès rapides étoient
dûs au génie de Mr. de Gages, & en partie au
ſecours des Génois. La proſpérité, comme
nous l'avons dit, eſt confiante; elle aſſoupit
ces vainqueurs de l'Italie à l'ombre de leurs
lauriers. Il étoit indiſpenſable, pour aſſurer
leurs quartiers, qu'ils poſſédaſſent les citadelles
de Milan & d'Alexandrie : un peu d'activité
auroit ſuffi pour les en rendre maîtres ; mais
ils manquèrent d'haleine, lorſqu'il ne leur reſtoit que quelques pas à faire pour remporter le
prix de leur courſe.

Les armes des Bourbons proſpérèrent cette
année en Flandre comme en Italie. Louis XV
s'étoit mis à la tête de ſon armée de Flandre,
compoſée de 80,000 hommes. Le maréchal de
Saxe commandoit ſous lui. A l'ouverture de la
campagne, les François firent de fauſſes démonſ-
trations ſur différentes places, & ils inveſtirent
ſubitement Tournay. Cette ville, une des principales places de la barrière, étoit défendue
par une garniſon de 9,000 Hollandois : la bonté
de ſes ouvrages, & la force de la citadélle,
que Vauban avoit conſtruite, préparoit aux
aſſiégeans bien des obſtacles & des difficultés

à furmonter. Les alliés, fous le commandement
du duc de Cumberland & du maréchal Kœnigfeck, n'avoient que 50,000 hommes à oppofer
aux forces des François; ils s'avancèrent cependant du côté de Tournay, & vinrent camper
dans les plaines d'Anderlech. Ce voifinage n'empêcha pas les François d'ouvrir la tranchée
le 1 de mai. Les alliés fentant de quelle importance il étoit pour eux de fauver Tournay, réfolurent de tout hafarder pour obliger
Louis XV à lever ce fiège. Du côté du fud,
en remontant la rive droite de l'Efcaut, eft
fitué le village de Fontenoy, lieu jufqu'alors
obfcur, mais qui eft devenu célèbre par l'événement qui porte fon nom. Ce fut dans cette
contrée, que le maréchal de Saxe choifit un
terrein, qu'il crut affez avantageux pour renverfer les projets du duc de Cumberland en s'y
préfentant. Il ne laiffa au fiège qu'un nombre
fuffifant de troupes pour le continuer : il appuya
fa droite à l'Efcaut, garnit d'infanterie & de
canons le village d'Antoing, fitué au bord de
cette rivière, forma fes deux lignes d'infanterie
en potence vers le mont de la Trinité, qui fe
trouvoit à l'extrêmité de fa gauche; fa cavalerie rangée derrière fon infanterie faifoit fa
troifième ligne; de plus, le village d'Antoing
étoit flanqué d'une batterie qui s'élevoit fur
l'autre rive de l'Efcaut; trois redoutes lardées

d'infanterie & de canon couvroient fon front de bataille ; vers la gauche de fon armée régnoit un bois où les François firent des abatis pour le rendre impraticable. Le 11 de mai, dès l'aube du jour, l'armée des alliés déboucha du bois de Bary, & fe forma dans la plaine fur deux lignes vis-à-vis de l'armée Françoife. La gauche des alliés engagea l'affaire. Les troupes Hollandoifes devoient attaquer les villages de Fontenoy & d'Antoing ; elles s'y portèrent mollement, & furent deux fois de fuite vigoureufement repouffées par les François. Alors les Anglois détachèrent quelques brigades pour s'emparer des redoutes qui couvroient le front de l'armée Françoife. Le général, qui fut chargé de cette commiffion, la trouva peut-être dangereufe, & ne l'exécuta pas. Mr. de Kœnigfeck, jugeant qu'il perdoit du monde en détail & qu'il n'avançoit pas, voulut brufquer l'affaire. Il attaqua l'armée Françoife, en laiffant les villages & les redoutes derrière lui. Si ce projet lui avoit réuffi, tout ce qu'il y avoit de François enfermés dans ces poftes, auroit été fait prifonnier après la victoire, ce qui auroit rendu cette bataille le pendant de la fameufe bataille de Hœchftædt ; mais l'événement ne répondit pas à fon attente. Mr. de Kœnigfeck forma deux lignes d'infanterie vis-à-vis de la trouée qui eft entre Antoing & le bois de Bary ; en avançant il reçut le feu croifé qui partoit du village & des redoutes ; fes flancs en fouffrirent & fe rétrécirent ; fon centre , qui en fouffroit moins , continuoit d'avancer ; & comme fes ailes fe replioient en arrière , fon corps prit une forme triangulaire, qui par la continuation du mouvement du centre & par la confufion , fe changea en colonne. Ce corps , tout informe qu'il étoit , attaqua & renverfa les gardes Françoifes , perça les deux lignes , & auroit peut-être remporté une victoire complète , fi les généraux des alliés avoient mieux fu profiter de la confufion où étoient leurs ennemis. Ils avoient ouvert le centre de l'armée Françoife ; il étoit aifé de féparer leurs colonnes en deux ; & par un à droit & un à gauche, ils prenoient en flanc toute l'infanterie qui leur reftoit oppofée ; ils auroient dû en même temps faire avancer la cavalerie pour foutenir leurs colonnes ainfi divifées ; il eft probable que c'en auroit été fait des François, fi les alliés avoient fuivi ces idées. Mais dans le temps que ceux-ci vouloient remédier à leur propre confufion, le maréchal de Saxe les fit attaquer par la maifon du roi & par les Irlandois qu'il avoit mis en réferve, & il fortifia cette attaque par les décharges de quelques batteries formées à la hâte. Les Anglois fe virent ainfi affaillis à leur tour ; on les preffa de tous côtés, en front comme

fur leurs flancs : après une vigoureufe réfiftance ils plièrent, fe rompirent, & les François les pourfuivirent jufqu'au bois de Bary.
Selon l'opinion commune, cette bataille coûta
aux alliés 10,000 hommes, quelques canons,
& une partie de leur bagage. Ils fe retirèrent
par Leufe, fous le canon d'Ath au camp de
Leffines, abandonnant aux François & le champ
de bataille & la ville de Tournay. Louis XV
& le dauphin fe trouvèrent en perfonne à cette
action. On les avoit placés auprès d'un moulin à vent qui étoit en arrière ; depuis, les
foldats François n'appelloient leur roi que
*Louis du moulin.* Ce qu'il y a de certain, c'eft
que le lendemain de cette bataille, Louis XV
dit au dauphin en paffant fur le champ de bataille
tout enfanglanté & couvert de morts : » Vous
» voyez ici les victimes immolées aux haines
» politiques & aux paffions de nos ennemis ;
» confervez-en la mémoire, pour ne point vous
» jouër de la vie de vos fujets, & pour ne pas
» prodiguer leur fang dans des guerres injuftes ».
Le maréchal de Saxe, que l'hydropifie dont
il étoit attaqué n'avoit pas empêché d'agir en
général, reçut du roi les éloges les plus flat-
teurs ; il fembloit qu'il s'étoit arraché aux bras
de la mort pour vaincre les ennemis de la
France. Le roi de Pruffe le félicita fur la gloire
dont il venoit de fe couvrir, regardant fa victoire

toire comme un engagement qu'il prenoit avec
le public, qui attendoit de plus grandes chofes
encore du maréchal de Saxe en fanté, que du
maréchal de Saxe à l'agonie. L'Europe fe vit
inondée de gazettes verfifiées, qui annonçoient
ce grand événement; mais il faut avouer qu'en
cette occafion le temple de la Victoire l'emporta fur celui des Mufes. La prife de Tournay attefta la victoire des François. La garnifon, qui s'étoit réfugiée dans la citadelle, fe
rendit le 19 de juin. La capitulation fut fignée
à condition que les 4,000 hommes qui l'éva-
queroient, ne feroient aucun fervice pendant
l'efpace de 18 mois contre les François.

Louis XV renforça fon armée de Flandre
par un détachement de 20,000 hommes que
lui fournit l'armée du Rhin. Le prince de Conti
en prit le commandement à la place de Mr. de
Maillebois, qui fervoit en Italie. Un détachement fait fi mal à propos, choque également
les règles de la guerre & de la politique; mais
comme ce qui donna lieu à cette conduite
demande quelque difcuffion, le lecteur trouvera
bon, pour fon intelligence, que nous lui en
développions les motifs. La France avoit épuifé
tous les refforts de fa politique, pour perfuader
au roi de Pologne d'ambitionner le trône impérial. Le peu de fuccès de fes intrigues ne
l'avoient point rebutée; au contraire, elle con-

*Tome II.* L

tinuoit à négocier à Dresde. Le comte de
St-Séverin , qui avoit bien fervi la France
dans cette cour, s'étoit attiré la haine du comte
de * * *, parce que la fineffe du Saxon ne
s'accommodoit pas de l'efprit clairvoyant du
négociateur François. De * * * fit tant que Mr.
de St-Séverin fut relevé par le marquis de Vaugrenant. Celui-ci fe crut plus fin que de * * * ;
réellement ils ne l'étoient ni l'un ni l'autre ;
toutefois dans cette négociation, Vaugrenant
fut la dupe du Saxon. De * * * lui perfuada
que pour faire une paix avantageufe avec la
reine de Hongrie, l'unique parti que la France
eût à prendre, étoit de ne point s'oppofer à
l'élection du grand-duc de Tofcane , & de
tenir dans l'inaction l'armée que le prince de
Conti commandoit fur le Rhin ; d'autant plus
que la France pouvoit tirer plus d'utilité de
ces troupes fur l'Efcaut que fur le Mein. Les
miniftres de Louis XV donnèrent aveuglément
dans ce piège ; ils n'examinèrent, ni le peu
de fincérité de ce confeil, ni, fi le parti qu'on
leur propofoit, étoit conforme aux engagemens
qu'ils avoient pris avec leurs alliés. En affoibliffant ainfi l'armée du prince de Conti,
on le mit hors d'état de s'oppofer aux entreprifes de la cour de Vienne. Le grand-
duc fut élu malgré la France ; la paix ne fe
fit point , & l'amour-propre du miniftère de

Verſailles lui interdit juſques aux reproches.

Les troupes tirées de cette armée arrivèrent en Flandre, lorſqu'après la réduction de la citadelle de Tournay, l'armée Françoiſe en décampoit. Elle ſe mit en trois corps, dont l'un ſe poſta à Courtray, le ſecond à St-Guislain, & le troiſième à Condé. Mr. du Chaila battit un détachement de 5,000 hommes, ſous les ordres du général Molé, que le duc de Cumberland avoit fait partir de ſon armée pour ſe jeter dans Gand. Ce petit échec répandit la terreur dans l'armée des alliés ; elle décampa de Bruxelles ; Gand, Bruges & Oudenarde n'étant plus protégées, ſe rendirent aux François, & cette campagne ſe termina par la priſe de Nieuport, de Dendermonde, d'Oſtende & d'Ath ; après quoi le maréchal de Saxe fit entrer ſes troupes en quartiers d'hiver derrière la Dendre. Cette campagne rendoit aux armes Françoiſes l'honneur que celle de Bohème leur avoit fait perdre. Si Louis XIV ſubjugua plus de terrein en l'année 1672, il le perdit auſſi vîte qu'il l'avoit conquis ; au-lieu que Louis XV aſſura ſes poſſeſſions, & ne perdit rien de ce qu'il avoit gagné.

Les Eſpagnols & les François avoient ouvert la campagne en Italie & en Flandre plus d'un mois avant que les troupes entraſſent en action en Siléſie. L'armée Pruſſienne & celle des Autrichiens n'avoient pris des quartiers paifibles qu'à la fin de février, & elles avoient également befoin de repos pour fe remettre de leurs fatigues. Le roi pouvoit prévenir fes ennemis, il ne dépendoit que de lui de fondre fur les quartiers des Autrichiens en Bohème ; mais il rifquoit plus en s'enfonçant dans ce royaume, qu'en voyant venir l'ennemi. Cette confidération fit qu'il refferra fes quartiers de cantonnement au centre de la Siléfie d'une manière qui l'approchoit également des gorges des montagnes par où l'ennemi pouvoit déboucher. Ç'auroit été un projet infenfé que de vouloir difputer quinze ou vingt mille chemins qui conduifent de la Bohème & de la Moravie en Siléfie dans une étendue de 24 milles d'Allemagne. Le plus fûr étoit d'attaquer le duc de Lorraine au moment qu'il fortiroit de ces gorges, de le pourfuivre en Bohème, de fourrager le pays à 12 milles à la ronde le long des frontières de la Siléfie, & d'amener à la fin de l'arrière faifon les troupes dans ce duché, pour leur procurer des quartiers tranquilles. Ce projet étoit fimple, il étoit proportionné à ce qu'il étoit poffible d'exécuter, il étoit adapté aux conjonctures ; il y avoit donc tout lieu d'efpérer qu'il réuffiroit. L'armée étoit diftribuée de façon que 10 bataillons, 10 efcadrons & 500 houfards formoient une chaîne

depuis la Luface jufqu'au comté de Glatz.
Les patrouilles alloient vers Schatzlar, Braunau & Bœhmifch-Friedland ; ce corps étoit
fous les ordres du lieutenant-général Truchfes.
Le général de Lehwald avec 10 bataillons &
500 houfards gardoit le pays de Glatz, fans
compter 3 bataillons qui étoient en garnifon
dans la forterefse, dont Mr. de Fouquet étoit
gouverneur. Le margrave Charles défendoit
les frontières de la haute Siléfie avec 16 bataillons & 20 efcadrons. Mr. de Hautcharmoy
avec 5 bataillons & 16 efcadrons occupoit &
couvroit la partie de la haute Siléfie, fituée
au-delà de l'Oder. Le gros de l'armée étoit
entre Breslau, Brieg, Schweidnitz, Glatz &
Neifse. Le roi établit fon quartier dans cette
dernière ville ; il y régnoit une maladie conta-
gieufe ; des charbons donnoient la mort en peu
de jours. Si on avoit dit que c'étoit la pefte,
toute communication auroit été interrompue,
ainfi que la livraifon des magafins ; & la crainte
de cette maladie auroit été plus funefte pour
l'ouverture de la campagne, que tout ce que
l'ennemi pouvoit entreprendre. On adoucit donc
ce nom redoutable ; on appella cette con-
tagion une fièvre putride, & tout continua
d'aller fon train ordinaire ; tant les mots font
plus d'impreffion fur les hommes que les chofes
mêmes. Peu après l'arrivée du roi, la petite

guerre recommença avec beaucoup de vivacité. Les ennemis se flattoient qu'en harcelant continuellement les Prussiens, ils les consumeroient à petit feu ; 10 à 12,000 Hongrois, sous les ordres du vieux maréchal Esterhazi, des généraux Caroli , Festetisch , Spleni & Guillani , faisoient des incursions dans la haute Siléfie, & pénétroient le plus avant qu'il leur étoit possible. Un major Schafstedt , qui étoit détaché avec 200 hommes dans le petit bourg de Rosenberg, fut attaqué par eux. Les ennemis mirent d'abord le feu au bourg ; le major fit bonne contenance, mais environné de tous côtés , il ne put se sauver , & obtint une capitulation pour rejoindre son régiment à Creutzbourg. Il falloit réparer cet affront , & rabattre la présomption de ces troupes Hongroises nouvellement levées. Le roi fit donc des détachemens contre eux ; il se livra de petites batailles , qui servirent de prélude aux actions décisives : & comme cet ouvrage est destiné à servir de monument à la valeur & à la gloire des officiers qui ont si bien mérité de la patrie , nous nous croyons , par devoir , obligé d'informer la postérité de leurs belles actions , pour l'engager par ces exemples de magnanimité à les imiter.

Le rare mérite de Mr. de Winterfeld le fit choisir pour présider à cette expédition. On lui

donna 6 bataillons & 1200 houſards, avec leſquels il paſſa l'Oder à Coſel, tandis que Mr.
de Goltz avec un bataillon & 500 houſards,
paſſoit la même rivière à Oppeln, pour attaquer de concert Eſterhazi & ſes Hongrois.
Winterfeld tomba ſur le village de Slowentzit,
où il fit 120 priſonniers ; il entendit un feu
aſſez vif ſur ſa gauche, il s'y porta d'abord :
c'étoient 5,000 Hongrois qui entouroient le
détachement de Goltz ; ils furent attaqués, &
Winterfeld remporta un avantage complet ſur
eux. Spleni ſe ſauva avec ſes houſards, après
avoir perdu 300 hommes & ſon bagage. Winterfeld ne crut point en avoir fait aſſez ; il
continua ſa pourſuite, & rencontra le lendemain 2,000 houſards poſtés le dos contre un
marais ; il les jeta dans ce marais, où la
plupart périrent ou furent pris. Ces avantages
commencèrent à donner aux houſards Pruſſiens un ton de ſupériorité ſur ceux de la reine.
Le colonel Wartenberg des houſards, battit
encore un gros d'Inſurgens auprès de Creutzbourg, & les diſſipa entiérement.

Pendant ce préambule de guerre, le printemps s'avançoit, le mois d'avril tiroit vers ſa
fin, il étoit temps de raſſembler l'armée ; elle
entra dans des quartiers de cantonnemens entre
Patskau & Frankenſtein. On prépara des chemins pour 4 colonnes, & des cantonnemens à

Jægerndorff, à Glatz & à Schweidnitz, comme étant les lieux vers lefquels l'ennemi devoit déboucher des montagnes. Les magafins que les Autrichiens avoient formés, les lieux où leurs troupes réglées commençoient à s'affembler, dénotoient affez leurs deffeins ; on comprenoit que ces Infurgens & ces Hongrois qu'ils avoient dans la haute Siléfie, devoient donner le change aux Pruffiens, pour les attirer de ce côté, & que leur grande armée pénétreroit en Siléfie par Landshut. Ce projet n'étoit pas répréhenfible en lui-même ; il ne manqua que par l'exécution. Si les Pruffiens avoient partagé leurs forces pour faire face à l'ennemi de tous côtés, ils auroient été trop foibles pour frapper un grand coup fur la grande armée du prince de Lorraine ; & s'ils reftoient affemblés, cette multitude de troupes légères, qui ne trouvoit rien qui l'arrêtât, les auroit affamés à la longue, en leur coupant les vivres. Le plus fûr parti étoit donc celui de demeurer en force, mais en même temps de hâter la fin de cette crife par l'engagement d'une affaire générale. Les mefures furent prifes pour évacuer la haute Siléfie vers la fin de mai, à l'exception de la fortereffe de Cofel. Les magafins de Troppau & de Jægerndorff furent tranfportés à Neiffe : Mr. de Rochow couvrit ce convoi avec 1200 chevaux & un bataillon

de grenadiers ; 4,000 Hongrois, moitié houfards, moitié pandours, l'attaquèrent fans pouvoir l'entamer ; la cavalerie y fit la première
expérience de fes nouvelles manœuvres, & en
éprouva la folidité. Il étoit néceffaire d'infpirer de la fécurité aux ennemis, pour que leur
préfomption les rendît négligens dans l'expédition qu'ils méditoient. A ce deffein le roi
fe fervit d'un homme de Schœnberg, qui étoit
un double efpion ; il le fit largement payer,
après quoi il lui dit, que le plus grand fervice qu'il pût lui rendre, feroit de l'avertir à
temps de la marche du prince de Lorraine,
pour pouvoir fe retirer à Breslau , avant que
les Autrichiens euffent débouché des montagnes : pour induire encore plus cet efpion
en erreur, on fit réparer des chemins qui menoient à Breslau. L'efpion promit tout ; il eut
nouvelle de ces chemins, & s'empreffa de
rejoindre le prince de Lorraine, pour lui ap-
prendre que tout le monde s'en alloit, & qu'il
ne trouveroit plus d'ennemis à combattre.
Comme Landshut devenoit alors l'objet principal de l'attention, le roi détacha le général
Winterfeld , pour obferver de ce pofte les
mouvemens des Autrichiens ; on lui donna
quelques bataillons & 2 régimens de houfards
de Rufch & de Bronikowsky : il ne tarda
pas à fe fignaler ; il défit auprès de Hirfch-

berg 800 Hongrois , commandés par un partifan nommé Putafchitz , & fit 300 prifonniers..
Nadafti , pour venger cet affront fait à la
nation Hongroife , marcha à la tête de 7,000.
hommes , dans le deffein d'attaquer auprès de
Landshut Winterfeld , qui n'avoit que 2,400,
hommes fous lui.' Après un combat de quatre.
heures , l'infanterie Hongroife fut totalement
battue ; & dans le moment que Nadafti fe
difpofoit à faire fa retraite , arrive le général.
Still à la tête de 10 efcadrons du vieux Mœllendorff ; il fond fur les ennemis , & les Hongrois font défaits & ramenés battant jufqu'aux
frontières de la Bohème. Les Autrichiens.
perdirent 600 hommes à cette affaire , avec
quelques-uns de leurs principaux officiers
bleffés , qui furent pris. On fut des prifonniers , que Mr. de Nadafti avoit ordre de
prendre pofte à Landshut , & que s'il avoit
réuffi , le prince de Lorraine l'auroit fuivi infailliblement. Tant de capacité & une conduite fi.
fage valurent à Mr. de Winterfeld le caractère
de major-général. Il n'y avoit plus un moment à
perdre pour rappeller le margrave Charles de la
haute Siléfie. La milice Hongroife avoit profité.
de la levée des quartiers pour infefter de partis
toute la haute Siléfie : 6,000 houfards volti-
geoient entre Jægerndorff & Neuftadt , dans
l'intention d'empêcher la communication du

margrave Charles avec l'armée. Pour lui faire tenir l'ordre de fe retirer fur Neiffe, le roi lui détacha les houfards de Ziethen, qui fe firent jour l'épée à la main à travers les Hongrois, & lui rendirent fa lettre. Le margrave fe mit en marche le 22 de mai ; les troupes qu'il commandoit, faifoient environ 12,000 hommes. Les ennemis, qui prévoyoient fa retraite, s'étoient renforcés, jufqu'au nombre de 20,000 hommes, d'un ramas de nations barbares, & de quelques troupes réglées qui leur étoient venues de Moravie : ils occupèrent la veille toutes les hauteurs qui étoient fur le chemin du margrave, & y établirent trois batteries qui tiroient en écharpe, dont les troupes Pruffiennes furent fort incommodées dans leur marche. Le margrave, fans s'embarraffer des obftacles que l'ennemi lui oppofoit, s'empara des hauteurs voifines & des défilés lès plus confidérables avec quelques bataillons, & au débouché des gorges, il forma les régimens de Gesler & de Louis cavalerie, qui tombèrent avec toute l'impétuofité poffible fur le régiment d'Ogilvi, en taillèrent en pièces la plus grande partie, puis fondirent fur celui d'Efterhazi, qui faifoit la feconde ligne, le paffèrent au fil de l'épée, & après s'être ralliés, attaquèrent les dragons de Gotha, qui devoient foutenir cette infanterie Autrichienne ; les mirent en déroute, & firent un grand maffacre des fuyards. Les ennemis laifsèrent plus de 800 morts fur la place ; leurs troupes irrégulières, qui étoient fpectatrices de ce combat, ayant vu le trifte fort des troupes réglées, s'enfuirent dans le bois en jetant des cris affreux. Le margrave donna dans cette journée des marques de valeur, dignes du fang de fon grand-père, l'électeur Fréderic-Guillaume. Le général de Schwérin, en chargeant à la tête de cette cavalerie, qui défit tout de fuite trois corps différens, s'acquit une réputation d'autant plus éclatante, qu'elle fervit d'époque à celle de la cavalerie Pruffienne. C'eft une chofe étonnante que la promptitude avec laquelle l'audace ou la terreur fe communiquent à la multitude. En 1741, la cavalerie des Pruffiens étoit le corps le plus lourd, & en même temps le moins animé qu'il y eût dans les armées Européennes ; en l'exerçant, en lui donnant de l'adreffe, de la vivacité & de la confiance dans fes propres forces, il en fit l'effai ; il réuffit, & devint audacieux. Les peines, les récompenfes, le blâme & la louange, employés à propos, changent l'efprit des hommes, & leur infpirent des fentimens, dont on les auroit crus peu fufceptibles dans l'état abruti de leur nature ; joignez à cela quelques grands exemples de valeur qui les frappent, comme celui que nous venons de rapporter : alors l'émulation gagne les efprits, l'un veut l'emporter fur l'autre,

& des hommes ordinaires deviennent des héros,
Les talens font fouvent engourdis par une efpèce
de léthargie ; des fecouffes fortes les réveillent,
& ils s'évertuent & fe développent. Le mérite
eftimé & récompenfé excite l'amour-propre de
ceux qui en font les témoins. Dans l'ancienne
Rome, les couronnes civiques & murales, & fur-tout les triomphes, aiguillonnoient ceux qui
pouvoient y prétendre. Il étoit donc néceffaire
d'exalter dans l'armée la glorieufe action de Jægerndorff. Le mafgrave, le général Schwérin,
& ceux qui s'y étoient fignalés, furent reçus
comme en triomphe ; la cavalerie attendoit avec
impatience l'occafion d'égaler, même de fur-
paffer ces héros ; tous brûloient de l'ardeur de
combattre & de vaincre. Sous ces heureux auf-
pices, toute l'armée fut raffemblée le 28 de mai
dans le camp de Frankenftein, à l'exception des
troupes qui gardoient les places, & d'un corps
de 6 bataillons & de 20 efcadrons, avec lefquels Mr. de Hautcharmoy faifoit face à Efterhazi, pouvant fe retirer dans les fortereffes de
Cofel, de Brieg & de Neiffe, au cas que la
fupériorité de l'ennemi l'y forçât.

# CHAPITRE XII.

*Bataille de Friedberg. Marche en Bohème ; ce qui s'y passa. Bataille de Sorr. Retour des troupes en Silésie.*

LA situation du roi étoit toujours critique. La politique lui présentoit des abymes, la guerre des hasards, & les finances un épuisement de ressources presque total. C'est dans ces occasions où l'ame doit déployer sa force, pour envisager d'un œil ferme les dangers qui l'entourent ; où il ne faut point se laisser troubler par les fantômes de l'avenir, & se servir de tous les moyens possibles ou imaginables de prévenir sa ruine, lorsqu'il en est encore temps ; sur-tout ne pas s'écarter des principes fondamentaux, sur lesquels on a établi son système militaire & politique. Le projet de campagne du roi étoit réglé ; cependant pour ne rien négliger, il s'adressa à ses alliés. Il employa dans cette négociation tout le feu imaginable, afin d'essayer d'en tirer des secours. La France étoit la seule puissance dont il pût attendre quelque chose. Le roi lui fit représenter l'impossibilité où il se trouvoit de soutenir long-temps cette guerre, dont tout le fardeau pesoit sur lui : il la somma de remplir

ſes traités à la lettre, & comme l'ennemi ſe pré⸗
paroit à faire une invaſion dans ſes états, il
preſſoit Louis XV de lui donner l'aſſiſtance
qu'il lui devoit dans ce cas, ou de faire une
diverſion réelle, qui lui procurât quelque ſoula⸗
gement. Le miniſtère François parut peu touché
de ces repréſentations ; il les traita à la légère,
& voulut que la bataille de Fontenoy & la
priſe de quelques places en Flandre paſſaſſent
pour une diverſion conſidérable. Le roi s'a⸗
dreſſa encore directement à Louis XV ; il lui
marqua le peu de ſatisfaction qu'il avoit de la
froideur des miniſtres de Verſailles ; qu'il ſe
trouvoit dans une ſituation déſagréable & em⸗
barraſſante, où il s'étoit mis par amitié pour
ſa majeſté très-chrétienne ; qu'il croyoit que
ce prince lui devoit quelque retour, pour
l'avoir ſecondé dans un moment où les Autri⸗
chiens commençoient à faire des progrès en
Alſace ; que la bataille de Fontenoy & la priſe
de Tournay étoient à la vérité des événe⸗
mens glorieux pour la perſonne du roi & avan⸗
tageux à la France ; mais que pour l'intérêt
direct de la Pruſſe, une bataille gagnée aux
bords du Scamandre ou la priſe de Peckin
ſeroient des diverſions égales. Le roi ajouta
que les François occupoient à peine 6,000
Autrichiens en Flandre, & que le péril où il
ſe trouvoit, l'empêchoit de ſe contenter de

belles paroles, & l'obligeoient à demander inf-
tamment des effets plus réels. La comparaifon
du Scamandre & de Peckin déplurent au roi
très-chrétien ; fon humeur perça dans la lettre
par laquelle il répondit au roi de Pruffe, &
celui-ci fe piqua à fon tour du ton de hauteur
& de froideur qui caractérifoit cette réponfe.

Pendant ces altercations, nuifibles à l'union
qui doit régner entre des alliés, les Autrichiens
étoient à la veille de commencer leurs opérations de campagne. Leur armée, compofée des
troupes de la reine & de celles de Saxe, s'approchoit infenfiblement des frontières de la
Siléfie. Les Autrichiens étoient venus de Kœnigsgrætz & des environs de Jaromirtz, & les
Saxons de Buntzlau & de Kœnigshoff ; ils fe
joignirent à Trautenau, d'où ils avancèrent à
Schatzlar. Ils ne pouvoient guère s'arrêter en
chemin ; on pouvoit calculer leurs mouvemens
à peu de chofe près ; il étoit donc temps
d'avertir à Landshut le général Winterfeld de
fe retirer à l'approche de l'ennemi, en fe re-
pliant fur le corps de Du Moulin, & de pourfuivre enfuite tous deux leur retraite jufqu'à
Schweidnitz, en femant le plus adroitement
qu'ils pourroient le bruit des préparatifs qu'on
faifoit pour abandonner le pied des montagnes,
& pour fe mettre fous le canon de Breslau.
Le double efpion dont nous avons parlé d'a-
vance,

vance, recueillit avidement ce bruit, & fe
hâta de confirmer lui-même au prince de Lorraine la retraite des Pruffiens, qu'il lui avoit
annoncée quelque temps auparavant. Les rufes
fervent fouvent mieux à la guerre que la force;
il ne faut pas les prodiguer, de peur qu'elles
ne perdent leur mérite, mais en réferver l'ufage
pour les occafions importantes; & lorfque les
nouvelles qu'on fait parvenir à l'ennemi flattent
fes paffions, on eft prefque fûr de l'entraîner
dans le piège qu'on lui prépare. Comme Winterfeld & Du Moulin avoient une marche
d'avance fur l'ennemi, ils fe replièrent fur
Schweidnitz, fans avoir fouffert dans cette
marche. L'armée du roi quitta Frankenftein,
& occupa le 29 mai le camp de Reichenbach,
d'où elle n'avoit qu'une petite marche jufqu'à
Schweidnitz; elle paffa cette forterefle le premier de juin; les corps de Du Moulin & de
Winterfeld firent fon avant-garde, & occupèrent
la hauteur de Striegau en decà du Strigauer-
Waffer. Mr. de Naffau avec fon corps garnit le Nonnen-Bufch, & l'armée fe campa
dans la plaine qui eft entre Jauernick &
Schweidnitz; de forte qu'un terrein de deux
milles qui fépare Striegau de Schweidnitz,
étoit occupé par une ligne prefque continue
de troupes Pruffiennes; cette pofition mettoit
le roi à portée de fe procurer les plus grands

avantages. Le général Wallis, qui commandoit l'avant-garde des ennemis, & Nadasti furent les premiers qui se présentèrent sur les hauteurs de Fribourg. Le prince de Lorraine avoit pénétré en Siléfie par Landshut ; delà il avoit pourfuivi fa marche fur Reichenau, d'où il fe tranfporta à Hohen-Hennersdorff. Il pouvoit de ce camp defcendre dans la plaine par quatre chemins ; favoir, Fribourg, Hohen-Friedberg, Schwinahaus & Cauder. Le roi fut reconnoître ces environs, pour examiner les lieux & le terrein où il pourroit placer fon armée, & il employa trois jours à faire préparer les chemins, afin qu'aucun empêchement n'arrêtât fes troupes, & qu'elles puffent voler à l'ennemi, lorfqu'il paroîtroit dans la plaine ; c'étoit ôter au hafard tout ce que la prudence lui pouvoit dérober. Le 2 de juin, les généraux Autrichiens & Saxons tinrent confeil de guerre auprès du gibet de Hohen-Friedberg. Quoiqu'ils euffent de cette hauteur la vue fur toute la plaine, ils n'apperçurent que de petits corps de l'armée Pruffienne. La partie la plus confidérable étoit couverte par le Nonnen-Bufch, & par des ravins, derrière lefquels on s'étoit placé exprès pour tenir l'ennemi dans l'ignorance des forces pruffiennes, & pour le confirmer dans l'opinion où il étoit qu'il entroit dans un pays où il ne trouveroit aucune réſiſtance. Le prince de Lorraine choiſit le village de Langenoels pour s'y camper le lendemain. Wenzel-Wallis eut ordre de s'emparer en même temps du magaſin de Schweidnitz avec ſon avant-garde, & delà il devoit pourſuivre les Pruſſiens à Breſlau. Le duc de Weiſſenfels avec ſes Saxons devoit prendre Striegau, & delà ſe porter ſur Glogau, pour en faire le ſiège. Le prince de Lorraine avoit oublié dans ſon projet qu'il auroit à combattre une armée de 70,000 hommes, bien réſolus à ne lui pas abandonner un pouce de terrein ſans l'avoir défendu juſqu'à l'extrêmité. Ainſi les deſſeins des Autrichiens & des Pruſſiens ſe croiſoient, comme des vents contraires qui aſſemblent des nuages, dont le choc produit la foudre & le tonnerre. Le roi viſitoit tous les jours ſes poſtes avancés ; il étoit le 2 ſur une hauteur devant le camp de Du Moulin, dont on découvroit toute la campagne, les hauteurs de Furſtenſtein, & même un bout du camp Autrichien, près de Reichenau. Le roi s'y étoit arrêté aſſez long-temps, lorſqu'il vit une nuée de pouſſière qui s'élevoit dans les montagnes, qui avançoit & deſcendoit dans la plaine, & qui alloit en ſerpentant de Cauder à Fegebeutel & Ronſtock ; la pouſſière tomba enſuite, & l'on apperçut diſtinctement l'armée des Autrichiens qui étoit ſortie des montagnes fur huit grandes colonnes ; leur droite s'appuyoit au ruiffeau de Striegau , & tiroit delà vers Ronftock & Hausdorff; les Saxons, qui faifoient la gauche, s'étendoient jufqu'à Pilgrimshain. Mr. Du Moulin reçut auffi-tôt ordre de lever le camp à huit heures du foir , de paffer le ruiffeau de Striegau, & de fe pofter fur un rocher devant la ville , où il y a une carrière de topaze, & qui en a pris fon nom. L'armée fe mit en mouvement le foir à huit heures , filant fur la droite en deux lignes & obfervant le plus grand filence ; il étoit même défendu au foldat de fumer. La tête des troupes arriva à minuit auprès des ponts de Striegau, où l'on attendit que tous les corps fuffent bien ferrés enfemble. Le 4 juin, à 2 heures du matin, le roi raffembla les principaux officiers de l'armée, pour leur donner la difpofition du combat ; nous l'omettrions , fi tout ce qui a rapport à une bataille décifive, ne devenoit de conféquence. Voici cette difpofition. L'armée fe mettra inceffamment en marche par la droite fur deux lignes ; elle paffera le ruiffeau de Striegau ; la cavalerie fe mettra en bataille vis-à-vis de la gauche de l'ennemi du côté de Pilgrimshain ; le corps de Du Moulin couvrira fa droite ; la droite de l'infanterie fe formera à la gauche de la cavalerie vis-à-vis des bofquets de Ronftock ; la cavalerie de la gauche

s'appuyera au ruiſſeau de Striegau, gardant
au loin à dos la ville de ce nom ; 10 eſcadrons
de dragons & 20 de houſards qui compoſent
la réſerve, ſe poſteront derrière le centre de
la ſeconde ligne, pour être employés où il ſera
beſoin ; derrière chaque aîle de cavalerie un
régiment de houſards ſe formera en troiſième
ligne, pour garantir le dos & le flanc de la
cavalerie, ſi le terrein va en s'élargiſſant, ou
pour ſervir à la pourſuite ; la cavalerie chargera
impétueuſement l'ennemi l'épée à la main ; elle
ne fera point de priſonniers dans la chaleur de
l'action ; elle portera ſes coups au viſage ; après
avoir renverſé & diſperſé la cavalerie contre
laquelle elle aura choqué, elle retournera ſur
l'infanterie ennemie, & la prendra en flanc ou à
dos, ſelon que l'occaſion s'en préſentera ; l'infanterie Pruſſienne marchera à grands pas à
l'ennemi : pour peu que les circonſtances le
permettent, elle fondra ſur lui avec la bayonnette ; s'il faut charger, elle ne tirera qu'à
150 pas ; ſi les généraux trouvent quelque village ſur les aîles ou devant le front de l'ennemi qu'il n'ait pas garni, ils l'occuperont &
le borderont extérieurement d'infanterie, pour
s'en ſervir, ſi les circonſtances le permettent,
à prendre l'ennemi en flanc ; mais ils ne pla-
ceront de troupes ni dans les maiſons ni dans
des jardins, pour que rien ne les gêne, & ne

les empêche de pourfuivre ceux qu'ils auront vaincus. Dès que chacun fut de retour à fon pofte, l'armée s'ébranla. A peine la tête commençoit-elle à paffer le ruiffeau, que Mr. Du Moulin fit avertir, qu'ayant apperçu de l'infanterie ennemie vis-à-vis de lui fur une éminence, il avoit corrigé fa pofition; qu'il avoit pris par fa droite, pour fe former fur une hauteur oppofée à l'autre, & par laquelle il débordoit même la gauche de l'ennemi. C'étoit des Saxons qu'il voyoit, qui ayant eu ordre de prendre la ville de Striegau, furent fort étonnés de trouver des Pruffiens devant eux. Le roi fe hâta d'établir une batterie de 6 pièces de 24 fur ce mont Topaze, laquelle fut très-utile par la grande confufion qu'elle mit dans les ennemis. Les Saxons venoient avec tous leurs corps pour foutenir l'avant-garde qui devoit prendre Striegau; ils reçurent cette canonnade, à laquelle ils ne s'attendoient pas; en même tèmps l'aile droite de la cavalerie Pruffienne fe forma fous cette batterie; les gardes du corps joignant le corps de Du Moulin, & la gauche de l'aile aboutiffant à ces bouquets du bois de Ronftock. Les Pruffiens, après deux charges confécutives, culbutèrent la cavalerie Saxonne, qui s'enfuit à vau de route, & les gardes du corps taillèrent en pièces ces deux bataillons d'infanterie qui s'étoient préfentés au commencement de l'affaire devant Mr. Du Moulin. Alors les grenadiers Pruſ-fiens & le régiment d'Anhalt attaquèrent l'in-fanterie Saxonne dans ces bouquets de bois, où elle commençoit à fe former ; ils les pouf-sèrent, & les délogèrent d'une digue où ils vouloient fe reformer ; delà ils traverfèrent un étang, pour attaquer la feconde ligne fur un terrein marécàgeux : ce combat, plus meur-trier que le premier, fut terminé auffi vîte : les Saxons furent encore obligés de s'enfúir ; leurs généraux rallièrent quelques bataillons en forme de triangle fur une hauteur, pour cou-vrir leur retraite ; mais la cavalerie Pruffienne de la droite, déja victorieufe, fe préfenta fur leur flanc, en même temps que l'infanterie Pruffienne déboucha du bois pour les affaillir. Mr. de Kalckftein vint encore avec quelques troupes de la feconde ligne, qui débordoit de beaucoup les Saxons ; ils virent l'extrêmité où ils étoient, n'attendirent pas l'attaque, mais prirent bientôt la fuite. Les Saxons furent ainfi totalement battus, avant que la gauche de l'armée fût entiérement formée. Il fe paffà bien un gros quart-d'heure avant que cette gauche s'engageât avec les Autrichiens.

L'on avoit averti le prince de Lorraine à Hausdorf, où il avoit fon quartier, du feu de canon & des petites armes qu'on entendoit ;

il crut bonnement que c'étoient les Saxons qui attaquoient Striegau , & n'en tint aucun compte ; on lui dit enfin que les Saxons étoient en fuite , & que tous les champs en étoient parfemés ; fur quoi il s'habilla à la hâte , & ordonna à l'armée d'avancer. Les Autrichiens marchoient donc à pas comptés dans la plaine, entre le ruiffeau de Striegau & les bofquets de Ronftock , qui n'eft coupée que par des foffés qui féparent les poffeffions des payfans. Dès que le margrave Charles & le prince de Pruffe furent à portée des ennemis , ils les chargèrent fi vivement , qu'ils plièrent. Les grenadiers des Autrichiens fe fervirent avec intelligence de ces foffés , dont nous avons fait mention , & ils auroient pu mettre de la règle dans leur retraite , fi le régiment des gardes ne les eût chaffés deux fois à coups de bayonnette. Le régiment de Hacke , celui de Bévern , & tous ceux qui furent au feu , fe diftinguèrent par des actions de valeur. Comme il n'y avoit plus d'ennemis devant la droite , le roi fit faire un quart de converfion , pour fe porter fur le flanc gauche , & derrière les Autrichiens ; cette droite broffa dans les bois & dans les marais de Ronftock , & lorfqu'elle en fortit pour attaquer l'ennemi , la gauche des Pruffiens avoit déjà gagné un terrein confidérable. La cavalerie de cette gauche avoit effuyé un

contre-temps : à peine Kiau avec fa brigade
de 10 efcadrons avoit-il paffé le pont du ruiffeau de Striegau, qu'il fe rompit. Kiau prit le
parti d'attaquer la cavalerie ennemie avec la
fienne, le général de Ziethen le joignit avec
la réferve, culbuta devant lui tout ce qui voulut lui réfifter, & donna à Mr. de Naffau,
qui commandoit cette gauche, le temps de la
faire paffer à gué. Dès que Mr. de Naffau
eut formé fon aîle, il donna fur ce qu'il y avoit
encore de cavalerie ennemie devant lui, & la
mit en déroute. Le général Polentz contribua
beaucoup à ce fuccès ; il s'étoit gliffé avec
fon infanterie dans le village de Fegebeutel,
d'où il enfiloit la cavalerie Autrichienne ; quelques décharges qu'elle reçut en flanc, la mit
en confufion, & prépara fa défaite. Mr. de
Gesler, qui commandoit la feconde ligne,
voyant qu'il n'y avoit là aucun laurier à cueil-
lir, fe tourna vers l'infanterie Pruffienne, &
trouvant les Autrichiens en confufion, il fit
ouvrir l'infanterie pour y paffer, & fe for-
mant fur trois colonnes, il fondit fur ces Autrichiens avec une vivacité incroyable, les dragons en maffacrèrent un grand nombre ; ils
firent prifonniers 21 bataillons des régimens
de Marchal, Graun, Tungen, Traun, Co-
lowrad, Wurmbrand, & d'un régiment encore, dont le nom nous manque : il y en eut

beaucoup de tués ; & cependant on fit 4,000 prifonniers, & on s'empara de 66 drapeaux. Un fait auffi rare, auffi glorieux, mérite d'être écrit en lettres d'or dans les faftes pruffiens. Un général de Schwérin ( coufin de celui de Jægerndorff ) & une infinité d'officiers, que leur grand nombre nous empêche d'indiquer, y acquirent un nom immortel. Cette belle action fe fit en même temps que la droite des Pruffiens fe portoit fur le flanc du prince de Lorraine ; ce qui rendit le défordre de fes troupes complet : tout fe débanda & s'enfuit dans la plus grande confufion vers les montagnes. Les Saxons fe retirèrent par Seyffersdorf ; le corps de bataille des Autrichiens fe fauva par Kauder, & leur aile par Hohenfriedberg, où heureufement Wallis & Nadafti étoient venus pour couvrir leur retraite : les Pruffiens les pourfuivirent jufques fur les hauteurs de Kauder, où ils s'arrêtèrent pour prendre quelque repos. Les trophées que les Pruffiens remportèrent en cette journée furent, en fait de prifonniers : 4 généraux, 200 officiers & 7,000 hommes : en fait de drapeaux, timbales, canons, &c. 76 drapeaux, 7 étendards, 8 paires de timbales & 60 canons. Le champ de bataille étoit jonché de morts ; les ennemis y perdirent 4,000 hommes, parmi lefquels il y avoit quelques officiers de marque. La perte de l'armée Pruffienne en morts & bleffés, alloit à peine à 1800 hommes. Quelques officiers, qui devinrent dans cette journée les victimes de la patrie, en méritèrent les regrets ; de ce nombre furent le général Truchfes, les colonels Maffow, Schwérin & During.

Ce fut là la troifième bataille qui fé donna pour décider à qui appartiendroit la Siléfie, & ce ne fut pas la dernière. Quand les fouverains jouent des provinces, les hommes font les jetons qui les paient. La rufe prépara cette action, & la valeur l'exécuta. Si le prince de Lorraine n'avoit pas été trompé par fes efpions, qui l'étoient eux-mêmes, il n'auroit jamais donné auffi groffiérement dans le piège qui lui étoit préparé ; ce qui confirme la maxime, de ne jamais s'écarter des principes que l'art de la guerre prefcrit, & de la circonfpection qui doit obliger tout général qui commande à fuivre invariablement les règles que la fûreté exige pour l'exécution de fes projets. Lors même que tout femble favorifer les projets que l'on médite, le plus fûr eft toujours de ne pas affez méprifer fon ennemi, pour le croire incapable de réfiftance. Le hafard conferve toujours fes droits. Dans cette action même, un quiproquo penfa devenir funefte aux Pruffiens. Au commencement du combat, le roi tira dix bataillons de fa feconde ligne, fous les ordres

du lieutenant-général de Kalckſtein, pour renforcer le corps de Du Moulin, & il envoya un
de ſes aides-de-camp, pour avertir le margrave
Charles de prendre le commandement de la ſeconde ligne d'infanterie, pendant l'abſence de
Mr de Kalckſtein. Cet officier peu intelligent
dit au margrave de renforcer la ſeconde ligne,
de ſa brigade qui étoit à l'extrêmité de la gauche.
Le roi s'apperçut à temps de cette bévue, &
il la redreſſa avec promptitude. Si le prince de
Lorraine avoit profité de ce faux mouvement,
il auroit pu prendre en flanc la gauche des Pruf-
ſiens qui n'étoit pas encore appuyée au ruiſſeau de Striegau. Tant le ſort des états & la
réputation des généraux tient à peu de choſe. Un
ſeul inſtant décide de la fortune. Mais il faut
avouer, vu la valeur des troupes qui combatti-
rent à Friedberg, que l'état ne couroit aucun
riſque ; il n'y eut aucun corps de repouſſé : de
64 bataillons., 27 ſeulement furent au feu &
remportèrent la victoire. Le monde ne repoſe
pas plus ſûrement ſur les épaules d'Atlas, que
la Pruſſe ſur une telle armée.

Il ne doit pas paroître ſurprenant que l'on
ne pourſuivit pas les Autrichiens avec plus
d'ardeur. La nuit du 3 au 4 avoit été employée
à marcher à l'ennemi. La bataille, quoique
courte, avoit été une ſuite d'efforts continuels ;
les munitions de guerre étoient épuiſées ; les

équipages & les munitions de guerre &,de
bouche étoient à Schweidnitz : il falloit les conduire à l'armée. L'arrière-garde du prince de
Lorraine étoit compofée des corps de Wallis &
de Nadafti , qui n'avoient point combattu ; ils
occupoient les hauteurs de Hohen-Friedberg ,
dont il auroit été téméraire de vouloir les dé-.
loger : les Pruffiens occupoient la hauteur de
Kauder ; mais celle de Hohen-Friedberg étoit
à leur gauche ; il ne falloit donc pas perdre par
une fougue imprudente ce qu'on avoit gagné
par la fageffe. Le lendemain Mrs. Du Moulin
& Winterfeld furent détachés à la pourfuite de
l'ennemi ; ils atteignirent le prince de Lorraine
auprès de Landshut. Ce prince ne les attendit
pas ; il leva fon camp à leur approche, & chargea
Nadafti de couvrir fa retraite. Winterfeld attaqua ce dernier , le mit en fuite , & le pourfuivit
jufqu'aux frontières de la Bohème , après lui
avoir tué 200 hommes & pris 130 prifonniers.
Mr, Du Moulin occupa le camp même que
les Autrichiens venoient d'abandonner. Après
cette victoire , le roi rappella Cagnoni , fon miniftre de Dresde. Bulau , accrédité à Berlin de
la part du roi de Pologne , fut obligé d'en partir,
ainfi qu'un réfident de Saxe de Breslau. Le roi
déclara qu'il regardoit l'invafion des Saxons en
Siléfie , comme une rupture ouverte.

L'armée fuivit le 6 le corps de Du Moulin

& se porta sur Landshut. Lorsque le roi y arriva, il fut entouré d'une troupe de 2,000 paysans, qui lui demandèrent la permission d'égorger tout ce qui étoit catholique dans cette contrée. Cette animosité venoit de la dureté des persécutions que les Protestans avoient souffertes de la part des curés, dans le temps de la domination autrichienne, où l'on avoit ôté les églises aux luthériens, pour les donner à des prêtres catholiques. Le roi étoit bien éloigné de leur accorder une permission aussi barbare. Il leur dit qu'ils devoient plutôt se conformer aux préceptes de l'Écriture, bénir ceux qui les offensoient, prier Dieu pour ceux qui les persécutoient, afin d'hériter le royaume des cieux. Les paysans lui répondirent qu'il avoit raison, & se désistèrent de leur cruelle prétention. L'avant-garde avança jusqu'à Starckstadt, où elle apprit que les ennemis avoient quitté Trautenau, & qu'ils défiloient à Jaromirtz ; sur cela elle se posta à Scalitz. L'armée prit le chemin de Friedland & de Nachod, qui étoit plus commode pour les subsistances ; après quoi elle déboucha des montagnes, & se déploya le long de la Métau, petit ruisseau dont les bords sont escarpés, qui vient de Neustadt, & va se jeter dans l'Elbe auprès de Plefs. Le camp des Autrichiens étoit derrière l'Elbe, entre Schmirgitz & Jaromirtz. Nadasti, dont le corps étoit en-

viron de 6,000 hommes, fit mine de difputer à
l'avant-garde Pruffienne le paffage de la Métau ;
mais Mr. de Lehwald chaffa les Hongrois fans
effufion de fang, paffa le ruiffeau, & fe campa
à un quart de mille à l'autre bord. Le lendemain,
l'avant-garde fut renforcée de 11 bataillons, &
fe porta à Caravalhota, d'où le roi, fe mettant
à fa tête, pouffa jufqu'à Kœnigsgrætz, & occupa le terrein entre Rufeck, qui eft vers l'Elbe,
& Divetz, qui eft fur l'Adler ; ce ruiffeau-ci
vient des montagnes de Glatz, & fe jette dans
l'Elbe, auprès de Kœnigsgrætz. L'armée, fous
le commandement du prince Léopold, fe campa
à un quart de mille derrière l'avant-garde. Ces
mouvemens obligèrent le prince de Lorraine à
s'approcher de Kœnigsgrætz. Il fe pofta fur une
hauteur au confluent de l'Adler & de l'Elbe,
vis-à-vis des Pruffiens ; il avoit appuyé fa droite
à un marais, fa gauche fe recourboit vers Pardubitz ; & à dos, il avoit une forêt de deux
milles qui s'étend vers Holitfch : ce prince avoit
établi, moyennant trois ponts fur l'Adler, fa
communication avec Kœnigsgrætz, où il tenoit
un détachement de 800 hommes ; il fit élever
une redoute devant la ville, fur une petite hauteur, qui en défendoit l'approche aux Pruffiens.
Sa pofition étoit inattaquable ; le roi fe borna à
garnir d'infanterie les villes de Jaromirtz & de
Smirgitz, pour tenir l'Elbe par des détache-

mens de dragons & de houfards , & pour affurer
& protéger fes fourrages. A voir ces deux armées rangées autour de Kœnigsgrætz , on
auroit dit que c'étoit un même corps qui en
formoit le fiège. Cependant l'avant-garde & le
corps de bataille des Prufliens étoient fi avantageufement placés , qu'il auroit été impoffible à
l'ennemi de les entamer. On auroit pu tenter
quelque entreprife fur Kœnigsgrætz , & il auroit été poffible de prendre la ville ; mais qu'auroit-on gagné ? La ville n'avoit ni fortifications,
ni magafins , & l'on auroit obligé de l'abandonner tôt ou tard ; ç'auroit été verfer du fang
inutilement. Ceux qui ne jugeoient que fuper-
ficiellement des chofes , croyoient que dans
cette heureufe fituation , le roi devoit changer
le projet de campagne qu'il avoit fait à Neiffe ,
& que fes vues devoient s'étendre avec fa fortune. Il n'en étoit pas ainfi cependant. La bataille
de Friedberg avoit fauvé la Siléfie : l'ennemi
étoit battu ; mais il n'étoit pas détruit : cette
bataille n'avoit pas applani les montagnes de la
Bohème , par lefquelles étoient obligés de paffer
les vivres pour l'armée. On avoit perdu en
1744 les caiffons des vivres ; les fubfiftances ne
pouvoient donc arriver au camp , que fur des
chariots de payfans de la Siléfie. Depuis le départ du margrave de la haute Siléfie , les Hongrois avoient furpris la fortereffe de Cofel , &

ils

ils étendoient leurs courſes juſqu'au voiſinage
de Schweidnitz & de Breslau ; ils alloient ſe
porter ſur les derrières de l'armée, & en intercepter les ſubſiſtances ; d'ailleurs le roi ne pouvoit s'éloigner que de dix ou quinze milles de
Schweidnitz, d'où il ne recevoit de vivres que
de cinq en cinq jours. S'il avoit voulu tranſporter le théâtre de la guerre en Saxe, il auroit
abandonné la Siléſie à la diſcrétion des Autrichiens. Tant de conſidérations importantes firent
que ce prince reſta ferme dans ſon premier projet, c'eſt-à-dire, d'affamer les frontières de la
Bohème, pour empêcher l'ennemi d'y pouvoir
hiverner.

Les François firent encore quelques tentatives auprès du roi de Pologne, lui préſen-
tant toujours comme une amorce la couronne
impériale, à laquelle il avoit renoncé pour
long-temps. La ſeule négociation qui convînt
alors aux Pruſſiens, c'étoit celle avec l'Angleterre ; parce que cette puiſſance ſeule pouvoit ménager la paix avec la reine de Hongrie.
Le roi d'Angleterre étoit alors à Hanovre,
& il avoit mené le lord Harrington avec lui.
Le jeune comte de Podewils, qui étoit miniſtre à La Haye, reçut ordre de ſe rendre à
Hanovre pour ſonder le terrein, & voir dans
quelles diſpoſitions étoient le lord Harrington
& la cour.

*Tome II.* — N

Pour ce qui regardoit les opérations de la guerre , il fut réfolu de fe foutenir le plus long-temps qu'il feroit poffible en Bohème , de choifir avec foin les meilleurs camps qu'on pourroit trouver , d'expofer d'autant moins les troupes que Mr. de Naffau alloit être détaché pour la haute Siléfie , afin de reprendre Cofel, & d'affecter en toutes les occafions les démonf-trations d'une guerre offenfive, pour en im-pofer à l'ennemi , & lui cacher le véritable deffein que l'on avoit de ne rien donner au hafard. Mr. de Naffau partit le 25 de juin avec 12,000 hommes ; il paffa par Glatz & Reichenftein, & rejeta d'abord les Hongrois fur Neuftadt, dont il les délogea avec perte de leur côté ; il s'avança enfuite jufqu'à Cofel, & fit les préparatifs du fiège. Cette place avoit été prife par la perfidie d'un officier de la garnifon qui déferta : ce traître apprit aux en-nemis que le foffé n'étoit pas perfectionné , & qu'il étoit guéable à l'angle d'un baftion qu'il leur indiqua. Avec 2,000 pandours il paffa le foffé, efcalada le baftion & la place, dont Foris étoit commandant ; il y eut quelque monde de maffacré ; le refte au nombre de 350 hommes fut fait prifonnier ; cela arriva deux jours après que le margrave eut évacué la haute Siléfie.

Pendant que Mr. de Naffau étoit ainfi

occupé dans la haute Siléfie , le roi mettoit
tous fes foins à faire fubfifter les troupes. Pour
cet effet il détacha fa groffe cavalerie vers
Opotfchna, qui étoit à un demi‑mille à la
gauche des deux corps de l'armée Pruffienne :
toutes les nuits cette cavalerie donnoit l'alarme
au prince de Lorraine, pour éprouver fa con‑
tenance , fouvent affez mauvaife , & pour le
confirmer dans l'opinion que le roi méditoit
quelque grand deffein, qu'il exécuteroit à l'im‑
provifte. Les Autrichiens furent entretenus
dans ces inquiétudes pendant quatre femaines.
Le roi avoit fur fa gauche un détachement à
Hohenbruch ; & par la jaloufie que ce camp
donnoit aux ennemis , ils craignoient d'être
attaqués par derrière. Réellement les Pruffiens
pouvoient fe porter fur Reichenau & fur Hohen‑
Mauth , & le prince de Lorraine fe feroit
vu contraint de couvrir la Moravie, d'où il
tiroit fes vivres. Ses magafins étoient établis
en échelons ; le plus voifin étoit celui de Par‑
dubitz ; derrière celui‑là venoit celui de Chru‑
dim, & plus vers la Moravie celui de Teut‑
fchbrod. Si cette marche fe fût exécutée, elle
dérangeoit toute l'économie des Autrichiens;
elle mettoit l'armée du roi en état de tirer
fes farines de Glatz, au‑lieu de les faire venir
de Schweidnitz, ce qui étoit égal. Si le roi
préféroit d'agir vers fa droite , il pouvoit paffer

l'Elbe non loin de Smirgitz, & prendre le camp de Clumetz, qui étoit bon & très-avantageux; il avoit derrière lui de grandes plaines, qui fournissoient des fourrages en abondance : delà il donnoit de la jalousie aux Autrichiens sur Pardubitz, & coupoit en quelque façon la communication des Saxons avec la Lusace. Ce dernier parti fut préféré au premier, sur-tout à cause des Saxons, le roi ayant eu vent que le comte de * * * méditoit quelque dessein sur la Marche électorale. Pour mieux cacher ses vues à l'ennemi, le roi détacha Mr. de Winterfeld avec 3,000 hommes pour le camp de Reichenau, en même temps que l'armée fit un mouvement sur sa droite pour passer l'Elbe non loin de Jaromirtz, où tous ses détachemens la rejoignirent. La grande armée appuya sa droite sur un bois, où l'on pratiqua un abatis; sa gauche s'appuyoit à l'Elbe, auprès du village de Néchanitz, ayant l'avantage des hauteurs & du glacis d'un bout du camp à l'autre. Mr. Du Moulin repassa la Métau avec 6 bataillons & 40 escadrons, & se posta à Skalitz, pour assurer la communication des vivres entre Jaromirtz & Neustadt, où il y avoit un bataillon en garnison. Peut-être le premier projet dont nous avons parlé auroit-il été meilleur que celui qu'on exécuta. On a su depuis que le duc de Weissenfels n'auroit pas suivi le duc

de Lorraine vers les frontières de la Moravie. De Reichenau à Glatz il n'y a que cinq
milles, au-lieu qu'il y en avoit dix de Clum à
Schweidnitz, ce qui rendoit le tranfport des
vivres plus difficile ; mais les hommes font
des fautes, & celui qui en fait le moins, a
des avantages fur ceux qui en font plus que
lui. Tout le temps que l'armée féjourna à
Clum ne fut employé qu'à des fourrages de la
part des deux armées, & à poufler de part &
d'autre des partis pour les empêcher. De tous
les officiers Autrichiens il n'y eut que le feul
colonel Derchofi qui fe fignalât à la petite
guerre ; il fit quelques prifes, que Mr. de Fouquet vengea par les partis qu'il envoyoit de
Glatz fur les derrières de l'armée Autrichienne,
& qui les défoloient par de fréquentes prifes
qu'ils faifoient fur eux. Il y avoit un pofte
détaché à Schmirfitz, qui mit un nouveau ftratagême en ufage pour intimider les Hongrois
qui venoient tirer fur une redoute & fur une
fentinelle placée près du pont de l'Elbe ; c'eft
une plaifanterie qui délaffera le lecteur de la
gravité des matières qu'il a fous les yeux.
Quelques fentinelles ayant été blefîées par des
pandours, les grenadiers de Kalckftein s'avi-
fèrent de faire un manequin, de l'habiller en
grenadier, & de le placer à l'endroit où étoit
la fentinelle ; ils faifoient mouvoir cette poupée

N 3

avec des cordes, de forte qu'à une certaine diftance on la prenoit pour un homme ; ils s'embufquèrent en même temps dans des brouffailles voifines. Les pandours arrivent & tirent ; le manequin tombe, les voilà qui veulent fe jeter deffus ; auffi-tôt part un feu très-vif des brouffailles, les grenadiers fondent fur eux, & font prifonniers tous ceux qu'ils avoient bleffés : depuis ce temps là ce pofte fût tranquille.

Mais revenons à des objets plus importans. Depuis la bataille de Friedberg, le prince de Lorraine n'avoit ceffé d'importuner la cour pour qu'elle le renforçât. On lui envoya alors huit régimens, tirés en partie de la Bavière, de l'armée du Rhin, & de la garnifon de Fribourg, dont l'échange venoit de fe faire avec les François ; mais en même temps que ces fecours arrivèrent, le duc de Weiffenfels le quitta, ne lui laiffant que 6,000 Saxons, au-lieu de 24,000 qu'il y avoit. Voici la raifon de cette retraite : le roi avoit été informé que le roi de Pologne étoit en négociation avec les Bavarois, pour prendre, moyennant des fubfides, 6,000 hommes de fes troupes à fon fervice. Ces troupes auroient pu faire une fâcheufe diverfion dans le Brandebourg. Les voies d'accommodement étoient fermées en Saxe ; la feule façon de contenir cette cour étoit cello de l'intimider. Pour cet effet, le prince d'Anhalt raffembla les troupes auprès de Halle ; il fut renforcé par quatre régimens d'infanterie & trois de cavalerie, que Mr de Gesler lui mena de Bohème. Les Saxons pouvoient s'attendre que le prince d'Anhalt agiroit offenfivement contre eux ; ce corps étoit affez fort pour les fubjuguer. Un manifefte parut en même temps, dans lequel on déclaroit que le roi ayant devant lui l'exemple de la reine de Hongrie, qui avoit traité en ennemis les alliés & les troupes auxiliaires du défunt empereur, favoir, les Heffois, les Palatins & les Prufliens ; que le roi, dis-je, fe croyoit autorifé à traiter également en ennemis les Saxons, auxiliaires de la reine de Hongrie, & à leur faire éprouver tout le mal qu'ils avoient fait ou médité de faire aux etats du roi. Le prince d'Anhalt avoit déjà le bras levé ; il alloit frapper, lorfque la fignature de la convention de Hanovre fufpendit le coup qu'il alloit porter.

Il faut fe fouvenir que les François n'avoient accompli aucun des articles du traité de Verfailles ; qu'ils refufoient tout fecours aux Prufiens ; que la retraite du prince de Conti abandonnant le trône impérial au premier occupant, les François rompoient tous les liens qui les uniffoient aux princes d'Allemagne. Il faut joindre à ces raifons une raifon plus forte encore, l'épuifement total des finances. Ces motifs portèrent le roi à négocier la paix; la convention de Hanovre avoit pour bafe la paix de Breslau, & le roi George s'engageoit de plus d'en procurer la garantie de la part de toutes les puiffances de l'Europe à la paix générale. Le roi promettoit de fon côté de reconnoître empereur le grand-duc de Tofcane. George, après avoir été long-temps balloté entre fes miniftres de Hanovre & le lord Harrington, figna ce traité le 22 feptembre. Il paroiffoit alors que la pacification de l'Empire fuivroit immédiatement la convention de Hanovre: mais il ne fuffifoit pas d'avoir calmé les paffions du roi d'Angleterre; il y avoit des ennemis plus irréconciliables qui vouloient abattre la puiffance naiffante des Prúffiens. De *** à Dresde & Bartenftein à Vienne jugeoient que le moment en étoit venu, & ils vouloient profiter des circonftances qu'ils croyoient leur être favorables. La couronne impériale rehauffoit la fierté de la cour de Vienne, & le défir de partager les dépouilles d'un ennemi, donnoit de la fermeté à celle de Dresde.

. Il fera peut-être néceffaire, pour l'intelligence des faits, de rapporter de quelle manière la dignité impériale retourna à la nouvelle maifon d'Autriche. Depuis la paix de Fuffen, le comte de Ségur avoit pris le chemin du

Necker, pour fe joindre au prince de Conti. Mr. de Bathyani le fuivit & traverfa l'Empire, afin de fe joindre au corps du duc d'Aremberg, qui avoit fon quartier à Weilbourg. La France auroit dû dans ce moment faire les derniers efforts pour empêcher cette jonction; mais elle n'agiffoit pas. Le prétexte de la guerre étoit d'empêcher que la dignité impériale ne rentrât dans la nouvelle maifon d'Autriche : la France devoit donc raffembler des forces aux environs de Francfort, ce qui l'auroit rendue maîtreffe de l'élection ; il falloit autorifer le prince de Conti à chaffer le duc d'Aremberg du voifinage de cette ville, & empêcher furtout fa jonction avec Mr. de Bathyani, qui donnoit une fupériorité marquée aux Autrichiens fur les François. Louis XV & le prince de Conti avoient fouvent affuré le roi dans leurs lettres, qu'au rifque d'une bataille ils s'oppoferoient à l'élection du grand-duc ; c'étoient de belles paroles. La bataille ne fe donna point. Le prince de Conti fut obligé de détacher 15,000 hommes pour la Flandre. Le comte de Traun eut le commandement de l'armée de l'Empire. Il détacha Bærenklau, & lui fit paffer le Rhin à Biberich. Le prince de Conti en prit l'alarme ; il fit fauter fon pont d'Afchaffembourg, rompre celui de Hœchft, & fe retira à Gerau fur le Rhin. Le grand-duc fe rendit en perfonne à fon armée. Traun paffa le Mein. Bærenklau défit quelques compagnies franches du prince de Conti auprès d'Oppenheim. Sur cela les François n'y tinrent plus. Le prince de Conti repaffa le Rhin à Germersheim & à Rhein-turkheim. Son équipage fut pris par les enne-mis, qui l'inquiétèrent fort dans fa retraite; il fe campa à Worms, derrière le ruiffeau d'Of-thofen, fe retira delà à Mauterftadt, où il finit une campagne peu glorieufe pour les armes Françoifes.

La retraite du prince de Conti fut le fignal qui fit éclater l'efprit de vertige des princes de l'Empire, & leur attachement pour la mai-fon d'Autriche. On s'étonne avec raifon, en confidérant la hauteur & le defpotifme avec lefquels cette maifon avoit gouverné l'Alle-magne, qu'il fe trouvât des efclaves affez vils pour fe foumettre au joug qu'elle leur impo-foit; & cependant le grand nombre étoit dans ces fentimens. Le roi d'Angleterre avoit à fa difpofition tout le collège électoral; il étoit maître de la diète de l'Empire. L'électeur de Mayence devoit fa fortune à la maifon d'Au-triche, & n'étoit que l'organe de fes volon-tés. C'eft un ancien ufage que le doyen du collège électoral invite les électeurs à la diète d'élection. Après la mort de Charles VII, l'électeur de Mayence s'acquitta de ce devoir,

& fixa l'ouverture de la diète au premier de
juin. Le baron d'Erthal, chargé de cette am-
baffade, fe rendit à Prague, & fit la même
invitation au royaume de Bohème qu'aux autres
électeurs, ce qui étoit contraire aux décifions
de la dernière diète, qui portoit qu'on laifferoit dormir la voix de Bohème. On avoit craint
au commencement de l'année 1745, tant à
Vienne qu'à Hanovre, que l'armée du prince
de Conti n'empêchât à Francfort les partifans
du grand-duc de Tofcane, de lui donner léurs
voix, & l'on avoit jeté les yeux fur la ville
d'Erfort pour y affembler la diète; cela auffi
étoit contraire aux loix fondamentales du corps
germanique, fur-tout à la bulle d'or : la foibleffe des François fauva cette tranfgreffion à
la reine de Hongrie. La diète de l'Empire s'affembla donc à Francfort le premier de juin. La
France donna l'exclufion au grand-duc; mais
l'armée du prince de Conti, qui devoit appuyer
cette déclaration, ayant déjà difparu, c'étoit
de la part des François un aveu tacite d'im-
puiffance, qui leur aliéna le cœur de tous leurs
alliés. Les miniftres de Brandebourg & de
l'électeur Palatin remirent un Mémoire à la
diète, lequel demandoit l'examen de trois points:
1º. Si les ambaffadeurs invités par l'électeur
de Mayence étoient admiffibles à donner leur
fuffrage ? 2º. Si leurs cours avoient toute la

liberté requife felon la bulle d'or? 3°. Si quelques-uns ne s'en étoient pas privés eux-mêmes, ou par des promeffes, ou par vénalité? Le premier de ces points regardoit l'ambaffadeur de Bohème, qui ne devoit point être admis; le fecond défignoit l'ambaffadeur Palatin, dont le fecrétaire avoit été enlevé par les Autrichiens aux portes de Francfort; & prefque tout le collège électoral fe trouvoit dans le troifième cas. Ils finirent en proteftant contre l'affemblée de la diète, qui feroit cenfée illégale jufqu'au redreffement de ces griefs, & fe retirèrent. Comme une fauffe démarche en entraîne une autre, la cabale autrichienne paffa par-deffus toutes les bienféances; & fans avoir égard à ces proteftations, le jour de l'élection fut déterminé au 13 de feptembre. L'ambaffadeur Brandebourgeois & le Palatin fe retirèrent à Hanau, en proteftant contre cette affemblée illicite & fchifmatique, dont les réfolutions & les opérations devoient être regardées comme nulles.

Le grand-duc fut élu le 13 de feptembre, au grand contentement du roi d'Angleterre & de la reine de Hongrie. Reftoit à favoir, s'il convenoit mieux au roi de reconnoître purement & fimplement le nouvel empereur, ou de lui rompre entièrement en vifiére, en déclarant qu'il ne reconnoiffoit ni élection ni élu. Ce prince tint un jufte milieu entre ces deux partis.

Il garda un profond filence, parce que 1°. il ne pouvoit mettre la France en action pour renverfer ce qui s'étoit fait à Francfort, & qu'en fecond lieu, reconnoître l'empereur fans nul befoin, ç'auroit été fe priver à la paix du mérite d'une complaifance qu'on pouvoit alors faire valoir, La reine de Hongrie jouiffoit déjà paifiblement à Francfort du fpectacle de cette couronne impériale, qu'elle avoit placée avec tant de peine fur la tête de fon époux; elle laiffoit la repréfentation à l'empereur, & réfervoit pour elle l'autorité; elle n'étoit pas même fâchée qu'on remarquât que le grand-duc étoit le fantôme de cette dignité, & qu'elle en étoit l'ame. Cette princeffe montra trop de hauteur pendant fon féjour à Francfort; elle traitoit les princes comme fes fujets, elle fut même plus qu'impolie à l'égard du prince Guillaume de Heffe. Elle annonçoit ouvertement dans fes difcours, qu'elle aimeroit mieux perdre fon cotillon, que la Siléfie; elle difoit du roi de Pruffe, qu'il avoit quelques qualités, mais qu'elles étoient ternies par l'inconftance & par l'injuftice. Par le moyen d'émiffaires fecrets, le roi avoit fait lâcher à Francfort quelques propos de paix, qui furent tous rejetés. La fermeté de l'impératrice dégénéroit quelquefois en opiniâtreté; elle étoit comme enivrée de la dignité impériale qu'elle venoit de remettre dans fa maifon. Uniquement

occupée de perfpectives riantes , elle croyoit
déroger à fa grandeur , en entrant en négociation
d'égal à égal avec un prince qu'elle accufoit
de rebellion. A ce motif de vanité fe joignoient
des raifons d'état plus folides. Depuis Ferdinand I , les principes de la maifon d'Autriche
tendoient à établir le defpotifme en Allemagne :
rien n'étoit donc plus contraire à ce deffein,
que de fouffrir qu'un électeur acquît trop de
puiffance ; qu'un roi de Pruffe , fortifié des
dépouilles de l'empereur Charles VI, employant
fes forces contre l'ambition autrichienne , foutint contre elle avec trop d'efficace les libertés
du corps germanique.

Voilà les véritables raifons qui empêchèrent
la cour de Vienne d'accéder au traité de Hanovre. Le roi de Pologne avoit des raifons différentes. Son objet principal étoit de conferver
la couronne de Pologne dans fa maifon ; &
pour s'en affurer davantage , il efpéroit par
cette guerre, gagner une communication de la
Saxe en Pologne par la Siléfie ; il ambitionnoit
la poffeffion du duché de Glogau , ou de plus
même , s'il pouvoit l'obtenir ; & de *** , qui
croyoit le roi de Pruffe aux abois , ne vouloit
point de compofition. Les efpérances bien ou
mal fondées de ces deux cours , empêchèrent
que la convention de Hanovre ne devînt alors
une paix entre ces trois puiffances belligérantes.

Cependant le roi d'Angleterre fe flattoit, à force d'infifter fur la même chofe , de ramener enfin l'impératrice & le roi de Pologne à fon fentiment ; les affurances qu'il en donnoit au roi de Pruffe, firent fufpendre l'expédition de Saxe. Dans ces circonftances d'ailleurs, il n'auroit pas été convenable d'embrouiller les affaires plus qu'elles ne l'étoient déjà , & d'entreprendre une nouvelle guerre. Cette modération que le roi mit dans fa conduite , ne pouvoit tourner qu'à la confufion de fes ennemis , qui tâchoient , en calomniant fes démarches , d'attirer fur lui la haine des fouverains de toute l'Europe.

Mais ces mefures que l'on vouloit garder avec la Saxe , n'empêchoient pas de pouffer la guerre avec vigueur contre l'impératrice-reine. On fe trompe lorfqu'on croit fléchir fon ennemi en le menaçant les armes à la main ; les victoires feules le forcent à la paix. C'eft ce qui fit qu'on preffa les opérations de Mr. de Naffau. Cofel lui oppofa une foible réfiftance ; il ouvrit la tranchée du côté de la baffe Oder ; le feu prit par accident à quelques maifons ; ce qui obligea le commandant à fe rendre le 6 de feptembre. Mr. de Naffau y fit prifonniers 3,000 Croates, & ne perdit au fiège que 45 hommes. Ce général, après avoir ravitaillé la ville , & y avoir laiffé une garnifon de 1200 hommes, fe porta sur Troppau avec sa petite armée ; delà ses partis mirent à contribution quelques cercles de la Moravie ; il eut de petites affaires avec les Hongrois, dont il sortit toujours avec avantage & avec gloire.

Mais il est temps de retourner en Bohème, où nous avons laissé l'armée Prussienne au camp de Clum, & celle des Autrichiens à celui de Kœnigsgrætz. Les ennemis tentèrent deux fois d'emporter de vive force la petite ville de Neuftadt, où commandoit le major Tauenzien ; mais ils furent toujours repoussés par la valeur de ce digne officier. Ce poste étoit très-important, parce qu'il assuroit la communication de la Siléfie. Le prince de Lorraine, qui se croyoit plus fort par les secours qu'il avoit reçus, qu'affoibli par le départ des Saxons, passa l'Adler, & s'établit dans le camp que les Prussiens avoient eu entre Kœnigsgrætz & Caravalhota. Les Prussiens firent un mouvement en conséquence ; ils mirent l'Elbe devant leur front, leur droite à Schmirsitz, & leur gauche à Jaromirtz. Mr. Du Moulin garda son poste de Skalitz, & le général Lehwald occupa la hauteur de Ples au confluent de la Métau dans l'Elbe ; de sorte que les Prussiens tenoient ces deux rivières. Mr. de Valori avoit pris un logement dans le fauxbourg de Jaromirtz ; on l'avertit qu'il valoit mieux entrer en ville, & il n'en voulut rien croire.

croire. Un partifan Autrichien, nommé Fran‑
quini, qui entretenoit des intelligences avec
l'hôte du marquis, tenta de l'enlever. Il fe gliffa
par des granges & des jardins; mais par mé‑
prife il enleva le fecrétaire au-lieu du miniftre.
Ce fecrétaire, nommé d'Arget, eut l'efprit de
déchirer toutes fes lettres; pour fauver fon
maître, il dit qu'il étoit Valori, & ne détrompa
Franquini, que lorfqu'il n'étoit plus temps de
prendre le miniftre. Par fa pofition, l'armée
Pruffienne étoit inattaquable. Suppofé même
que le prince de Lorraine eût voulu tenter le
paffage de la Métau à l'aide de plufieurs ponts
conftruits fur l'Elbe, le roi pouvoit fe porter
derrière l'ennemi, & le couper de Kœnigsgrætz.
Franquini étoit le feul qui donnât quelques in‑
quiétudes pour les vivres; il s'étoit pofté dans
une forêt, nommée vulgairement le royaume de
Silva; ce bois communique aux chemins de
Braunau, Starckftadt & Trautenau; il tomboit
de ce repaire fur les convois qui venoient de la
Siléfie. Chaque convoi avoit une petite bataille
à livrer; fouvent il falloit y envoyer des fecours;
cela fatiguoit les troupes, & l'on ne fe nourrif‑
foit que l'épée à la main.

L'impératrice-reine cependant commençoit à
s'ennuyer de cette guerre, qui ne décidoit rien.
Preffée par le roi d'Angleterre de faire la paix,
elle voulut au moins tenter encore la fortune

avant de quitter la partie, & donna au prince
de Lorraine l'ordre précis d'agir offensive-
ment, & s'il le pouvoit avec avantage, d'engager une affaire générale avec les Pruffiens.
Pour l'aider dans une entreprife auffi importante, elle lui avoit formé une efpèce de
confeil, compofé du duc d'Aremberg & du
prince Lobkowitz ; elle les envoya tous deux
à l'armée, fe flattant d'avoir pourvu à tout,
& que la fortune qui avoit couronné fon époux
à Francfort, lui gagneroit des batailles en
Bohème. On fut bientôt dans le camp Pruffien que Mrs. d'Aremberg & de Lobkowitz
avoient joint le prince de Lorraine, & l'on
devina à-peu-près les intentions de cette princeffe. Le prince Lobkowitz, d'un tempérament violent & impétueux, vouloit attaquer
& ferrailler fans ceffe ; il envoyoit tous les
jours les houfards à la petite guerre, fouvent
même mal-à-propos, & s'emportoit lorfque
Nadafti ou Franquini avoient effuyé quelque
échec. Le prince de Lorraine, qui connoiffoit
les Pruffiens pour avoir fait trois campagnes
contre eux, auroit préféré la guerre de chi-
cane à celle qu'on lui ordonnoit de faire ; il fe
feroit contenté de difputer les fubfiftances, de
confumer fon ennemi à petit feu, & d'accu-
muler beaucoup de petits avantages, qui réunis,
font l'équivalent des plus grands fuccès. Pour

le duc d'Aremberg, appefanti par l'âge, il étoit de l'avis du dernier qui opinoit. Les deux armées n'étoient diftantes l'une de l'autre que d'une demi-portée de canon. Le roi, de fa tente, qui étoit fur une hauteur, voyoit tous les jours les généraux ennemis venir reconnoître fa pofition : on les auroit pris pour des aftronomes, car ils obfervoient les Pruffiens avec de grands tubes ; enfuite ils délibéroient enfemble ; mais ils ne pouvoient rien entreprendre contre un camp qui étoit trop avantageux & trop fort pour être brufqué. Bientôt les ennemis donnèrent l'alàrme au corps du général Lehwald ; 1500 pandours paffèrent la Métau pendant la nuit, & fe retranchèrent fur une hauteur voifine de celle des Pruffiens ; un effaim de troupes légères devoit les fuivre. Mr. de Lehwald ne leur en laiffa pas le temps ; il marcha à eux à la tête de 2 bataillons, les chaffa, la bayonnette au bout du fufil, de leur redoute, leur prit 40 hommes, & les fit pourfuivre par fes houfards. Le pont de la Métau fe rompit pendant leur fuite précipitée, & plufieurs fe noyèrent. Cette belle action de Mr. de Lehwald empêcha les Autrichiens d'établir une communication avec Franquini, qui vouloit empêcher les convois d'arriver au camp Pruffien. Le prince de Lobkowitz ne fe rebutoit pas pour avoir manqué quelques pro-

O 2

jets ; il en formoit fans ceffe de nouveaux, &
tenta pour la troifième fois de prendre Neuftadt. La ville fut inveftie le 7 feptembre par
10,000 hommes ; le roi n'en fut informé que
le 12. Il envoya incontinent Du Moulin &
Winterfeld à fon fecours. Winterfeld, avec
300 fantaffins du régiment de Schwérin, força
le paffage d'un bois défendu par 2,000 pandours ; les Hongrois perdirent 2 canons, &
furent jetés dans une efpèce de précipice qu'ils
avoient derrière leur front. A l'approche des
Pruffiens, le fiège de Neuftadt fut levé ; ils
repaffèrent la Métau, & fe retirèrent dans
leur camp. Mr. de Tauenzien, enfermé dans
une bicoque fans défenfe, dont la muraille étoit
crevaffée en beaucoup d'endroits, avoit foutenu cinq jours de tranchée ouverte contre
10,000 ennemis qui l'affiégeoient, & qui, les
deux derniers jours, lui avoient coupé les canaux qui portoient l'eau aux fontaines de la
ville : les murailles avoient été battues par dix
pièces d'artillerie, qui en avoient fait écrouler
un pan confidérable. Nous avons vu des places
fortifiées par les Vauban & les Cœhorn, ne
tenir pas auffi long-temps à proportion : ce n'eft
donc pas toujours la force des ouvrages qui
défend les places, mais plutôt la valeur & l'intelligence de l'officier qui y commande. Le
pofte de Neuftadt ne pouvoit plus fe défendre,

depuis que l'eau y manquoit ; mais en l'abandonnant, on perdoit à l'égard de la fûreté des
convois : cependant les fourrages étant tous
confumés dans le voifinage, il étoit à propos
de changer de pofition, & l'on ruina les murailles de cette ville. Le 18 feptembre l'armée
paffa l'Elbe auprès de Jaromirtz, & fe campa
à Kowalkowitz, fans que l'ennemi fît le
moindre mouvement pour s'y oppofer. Il fallut de ce camp détacher le général Polentz
avec 1000 chevaux & 3 bataillons, pour couvrir la nouvelle Marche & l'Oder contre un
corps de 6,000 ulans, que le roi de Pologne
avoit levé, & qu'il vouloit attirer en Saxe,
pour y joindre fes autres troupes ; les autres
détachemens rentrèrent dans l'armée, & Mr.
Du Moulin en couvrit la gauche.

Il fe fit ce jour là un feu de joie dans l'armée Autrichienne, pour célébrer l'élection du
grand-duc ; le nom d'armée impériale réjouiffoit les officiers qui la compofoient ; deux
jours fe pafsèrent en feftins, où le vin ne fut
pas épargné. Peut-être auroit-ce été le moment d'attaquer ; mais le roi ne voulut point
s'écarter de fon plan de campagne. Il réfolut
donc de tranfporter fon camp à Staudentz ; le
chemin qui y conduit, paffe par une vallée
bordée de bois & de montagnes, qui tiennent
à la forêt de Silva. Franquini s'embufqua au-

près du village de Liebenthal, fur le chemin
où la feconde colonne devoit paffer. Le prince
Léopold, qui la conduifoit, détacha quelques
bataillons, qui traquèrent le bois, en même
temps que Mr. de Malachowsky, à la tête
de quelques centaines de houfards, grimpant
fur ces rochers efcarpés, aida l'infanterie à
chaffer ce partifan de fon embufcade : cette
action, la plus hardie que la cavalerie puiffe
entreprendre, combla Mr. de Malachowsky
de gloire. Il eut cependant 20 hommes de
tués & 40 de bleffés dans cette affaire. L'armée n'entra que fur le tard dans le camp de
Staudentz. Mr. de Lehwald avec fon corps
occupa Starckftadt, & Mr. Du Moulin fe
rendit à Trautenau avec fon détachement, pour
couvrir les convois qui venoient de la Siléfie.
Les Pruffiens embraffoient ainfi toute la chaîne
des montagnes qui côtoient les frontières de
la Siléfie depuis Trautenau vers Braunau ;
cette partie fut radicalement fourragée ; & l'ennemi n'auroit pas été en état d'y fubfifter pendant l'hiver. Cela formoit une barrière qui mettoit jufqu'au printemps prochain la Siléfie à
couvert d'incurfions. Les fourrages fe faifoient
toutefois avec bien plus de difficultés que dans
les plaines, par la nature du terrein coupé &
difficile qui environnoit le camp : afin de ne
point expofer les troupes à quelque affront, il

falloit des convois de 3,000 chevaux & de 7
à 8,000 hommes d'infanterie, pour couvrir les
fourrageurs ; chaque botte de paille coûtoit un
combat. Moratz, Trenck, Nadaſti, Franquini
étoient tous les jours aux champs ; enfin c'étoit
une école pour la petite guerre. De tous les
officiers Autrichiens, Franquini étoit celui qui
avoit la connoiſſance la plus exacte des chemins qui vont de Bohème en Siléſie ; il attaqua avec 4,000 pandours, entre Schatzlar &
Trautenau, un convoi de farine eſcorté par
300 fantaſſins. Le jeune Mœllendorff, aide-
de-camp du roi, conduiſoit ce convoi ; il ſou-
tint tous les efforts des ennemis, & s'empara
d'un cimetière qui dominoit le défilé, d'où il
protégea les chariots, & ſe défendit durant trois
heures, juſqu'à l'arrivée du ſecours de Du Moulin, qui le dégagea entiérement. Les ennemis
laiſsèrent 40 morts ſur la place : la perte de
l'eſcorte fut légère, à cela près que Franquini
détela une trentaine de chariots, dont il emmena les chevaux. Quoique ces petites actions
ne ſoient que des bagatelles, elles font trop
d'honneur à la nation, & à ceux qui y ont eu
part, pour laiſſer enſevelir dans l'oubli ce qui
peut devenir un germe d'émulation pour la
poſtérité. C'étoient chaque jour de nouvelles
entrepriſes de la part de l'ennemi ; ayant la
faveur du pays, il étoit inſtruit que le dépôt

des vivres & la boulangerie de l'armée étoient
établis à Trautenau, & cette connoiffance lui
fuffit pour faire mettre le feu aux quatre coins
de cette malheureufe ville ; en trois heures de
temps toutes les maifons ne firent plus qu'un
monceau de cendres. Comme on avoit eu la
précaution de placer les tonneaux de farine
dans des caves bien voûtées, il n'y eut de
perdu que quelques chariots de bagage que les
flammes confumèrent. Cette action inhumaine
retomba fur fes auteurs, & l'impératrice-reine,
au-lieu d'y gagner, eut en Bohème une ville
de plus de ruinée.

Ces tentatives n'étoient que le prélude de
ce que la cour de Vienne & fes généraux méditoient depuis long-temps d'exécuter. Le prince
de Lorraine voyoit que les Pruffiens fe préparoient à quitter la Bohème ; il les fuivit &
vint fe camper à Kœnigsfaal, pour les obferver
de plus près. Le camp de Staudentz n'avoit pas
été pris felon toutes les règles de l'art. Le roi
avoit affoibli fon armée par fes détachemens, &
il ne lui reftoit pas affez de troupes pour remplir l'efpace qu'il avoit à garnir. Mr. de Naffau
étoit dans la haute Siléfie, Mr. de Polentz dans
la nouvelle Marche, Mr. Du Moulin à Trautenau, lequel, depuis que Franquini avoit fait
quelques tentatives fur Schatzlar, obligé d'y
marcher, fut relevé par Mr. de Lehwald à Trau-

tenau : il ne reſtoit après tous ceſ détachemens
que 18,000 hommes dans l'armée que le roi
commandoit, de ſorte qu'ils n'occupoient pas
tout le terrein que le caprice de la nature avoit
formé pour une plus nombreuſe armée. Ce corps
dominoit en certains endroits les hauteurs voiſines ; mais la droite étoit entiérement dominée
par un monticule, que la foibleſſe de l'armée ne
permettoit pas d'occuper ; cependant on avoit
placé des gardes de cavalerie & des corps de
houſards ſur ces hauteurs , pour en être maître
en cas de beſoin. La cavalerie à la vérité ne pouvoit guère aller à la découverte au-delà d'un
demi-mille , à cauſe des bois , des défilés & des
gorges des montagnes ; l'ennemi en revanche
envoyoit tous les jours des partis de 4 à 500
chevaux, qui rodoient autour du camp Pruſſien ; ils défiloient, alloient & venoient le long
de la forêt de Silva , én tirant vers Marchen-
dorf , où Franquini avoit ſon petit camp. L'armée Autrichienne n'étoit qu'à une marche de
celle du roi , ce qui fit appréhender à celui-ci
que le deſſein du prince de Lorraine ne fut de
gagner Trautenau avant lui. Pour prévenir
l'ennemi, qui auroit par-là coupé ſon corps de
la Siléſie , le roi réſolut de ſe mettre en marche
le lendemain ; mais pour être préalablement
mieux informé des mouvemens des Autrichiens, il fit partir ſur le champ un détache-

ment de 2,000 chevaux commandés par le
général Katzler, pour aller à la découverte
fur les chemins d'Arnau & de Kœnigsfaal,
avec ordre de faire des prifonniers & de prendre
des payfans des environs, afin d'avoir des nouvelles de ce qui fe paffoit dans le camp du
prince de Lorraine. Mr. de Katzler s'avança
avec fa troupe ; & fe trouva, fans le favoir,
entre deux colonnes d'Autrichiens, qui fe glif-
foient dans les forêts pour lui dérober la connoiffance de leur marche ; il apperçut devant
lui un grand nombre de troupes légères, & un
corps de cavalerie, de beaucoup fupérieur au
fien, qui les fuivoit ; fur quoi il fe replia en
bon ordre fur le champ, & rendit compte au
roi de ce qu'il avoit vu ; mais il n'avoit pas vu
grand'chofe. Les troupes reçurent ordre de fe
mettre en marche le lendemain à 10 heures, &
le 30 de feptembre à 4 heures du matin, pendant que le roi avoit auprès de lui les généraux
du jour, pour leur dicter la difpofition de la
marche, un officier vint l'avertir que les grandes
gardes de la droite du camp découvroient une
longue ligne de cavalerie, & qu'autant qu'on
en pouvoit juger par l'étendue de la pouffière,
ce devoit être toute l'armée ennemie ; quelques
officiers vinrent un moment après rapporter
que quelques corps Autrichiens commençoient
à fe déployer vis-à-vis du flanc droit du camp,

Sur ces nouvelles, les troupes reçurent ordre de prendre inceſſamment les armes, & le roi ſe rendit auprès des grandes gardes, pour juger par ſes propres yeux de l'état des choſes, & du parti qu'il y avoit à prendre. Il faut, pour ſe faire une juſte idée de la bataille de Sorr, ſe repréſenter exactement le terrein ſur lequel elle ſe donna. Dans la poſition où étoit l'armée avant la bataille, ſa droite s'appuyoit à un petit bois gardé par un bataillon de grenadiers, & le village de Burckersdorf étoit ſur le flanc droit, prenant de Pruſenitz au chemin de Trautenau ; il n'étoit point occupé, parce qu'il eſt ſitué dans un fond, & que les maiſons en ſont iſolées : ce fond bas régnoit depuis le front juſqu'à l'extrêmité de la droite, & ſéparoit le camp d'une hauteur aſſez élevée, qui s'étendoit du chemin de Burckersdorf à Pruſenitz, & ſur laquelle on avoit placé les houſards & les gardes du camp. Le front de l'armée étoit couvert par le village de Staudentz, au-delà duquel régnoient des montagnes & des bois qui tenoient au royaume de Silva. La gauche de la petite armée étoit appuyée à un ravin impraticable. Deux chemins menoient du camp à Trautenau ; l'un par la droite du camp, laiſſant Burckersdorf à gauche, paſſoit par un petit défilé, & conduiſoit enſuite par une plaine unie à Trautenau ; l'autre partoit de la gauche de l'armée, paſſoit par une vallée pleine de défilés

& par le village de Rudersdorf, menant à Trautenau plutôt par des fentiers, que par une route battue. Lorfque le roi arriva à fes grandes gardes, il vit que les Autrichiens commençoient à fe former, & il jugea qu'il feroit plus téméraire de fe retirer à travers des défilés devant une armée qu'il avoit fi près de lui, que de l'attaquer malgré la prodigieufe infériorité du nombre. Le prince de Lorraine avoit bien compté que le roi prendroit le parti de la retraite, & c'étoit fur quoi il avoit fait fa difpofition ; il vouloit engager une affaire d'arrièregarde, & il eft fûr que celle-là lui auroit réuffi. Mais le roi prit fans balancer le parti de l'attaquer, parce qu'il auroit été plus glorieux d'être écrafé, en vendant chérement fa vie, que de périr dans une retraite qui auroit affurément dégénéré en fuite ignominieufe.

Quelque danger qu'il y ait à manœuvrer en préfence d'un ennemi déjà rangé en bataille, les Pruffiens paffèrent par-deffus ces règles, & firent un quart de converfion à droite, pour préfenter un front parallèle à celui de l'ennemi : cette manœuvre délicate fe fit avec un ordre & une célérité inconcevables ; mais les Pruffiens ne fe préfentèrent que fur une ligne vis-à-vis des Autrichiens, qui étoient fur trois lignes de profondeur ; il fallut même que ce déploiement s'exécutât fous le feu de 28 pièces de canon,

que les ennemis avoient difpofées en deux batteries, & d'un bon nombre de grenades royales
qu'ils jetoient parmi la cavalerie. Mais rien ne
déconcerta les Pruffiens; aucun foldat ne parut
craindre; aucun ne quitta fon rang. Quelque
diligence que l'on employât à fe former ainfi,
la droite fut expofée près d'une demi-heure au
canon de l'ennemi, avant que la gauche fût
entiérement fortie du camp. Alors le maréchal
de Buddenbrock reçut ordre d'attaquer avec la
cavalerie; ce qu'il exécuta fans balancer. Les
Autrichiens avoient mal choifi leur terrein; la
cavalerie avoit une efpèce de précipice derrière
elle; elle étoit fur trois lignes, auxquelles le
terrein étroit n'avoit pas permis de donner une
diftance convenable; à peine y avoit-il entre
chaque ligne vingt pas d'intervalle : ils tirèrent
de la carabine felon leur ufage, mais n'eurent
pas le temps de mettre l'épée à la main, ayant
été culbutés en partie dans le fond qu'ils avoient
derrière eux, & en partie jetés fur leur propre
infanterie. Cela devoit arriver; car la première
ligne renverfée devoit néceffairement fe jeter
fur la feconde, celle-là fur la troifième, & il
n'y avoit point d'efpace où ces corps, qui faifoient 50 efcadrons, puffent fe reformer. La
première brigade de l'infanterie de la droite
des Pruffiens, animée par ce fuccès, fe hâta
trop d'attaquer ces batteries des Autrichiens

dont nous avons parlé ; 28 canons chargés à mitraille éclaircirent dans un moment les rangs des affaillans & les firent plier : 5 bataillons, dans lefquels confiftoit la réferve , arrivèrent fort à propos ; ceux qui avoient été repouffés, fe reformèrent auprès d'eux , & d'un effort commun ces 10 bataillons emportèrent la batterie. Mr. de Bonin , lieutenant-général , & Mr. de Geift , colonel, eurent la principale part à cette belle action. Alors on apperçut une groffe colonne d'ennemis qui venoit de leur droite , & qui defcendoit des hauteurs pour s'emparer de Burckersdorf ; le roi les prévint en bordant ce village d'un bataillon de Kalckftein. On mit le feu aux maifons les plus écartées vers la gauche , pour couvrir ce bataillon , pendant que l'infanterie de la gauche fe formoit derrière ; ce bataillon tira par pelotons contre l'ennemi , comme il eût fait dans une place d'exercice , & la colonne fe retira en fuyant. La cavalerie de la droite des Pruffiens devenoit dès-lors inutile à l'endroit où elle étoit. Ce précipice dans lequel elle avoit jeté les Autrichiens , prenoit depuis le chemin de Trautenau , & alloit en diminuant toujours de largeur vers le centre des Pruffiens , mais en tirant vers le village de Sorr , qui étoit en avant. On laiffa donc les cuiraffiers de Buddenbrock & quelques houfards pour fuivre l'infanterie en feconde ligne. Les gendarmes ,

Pruſſe, Rottembourg & Kiau, qui faiſoient 20 eſcadrons, furent envoyés à la gauche de l'armée, pour y renforcer cette aile, tandis que l'infanterie de la droite prenoit celle de l'ennemi en flanc, & la menoit battant devant elle, en la faiſant replier ſur la droite des impériaux. Les gardes, qui étoient au centre de la ligne, conduites par le prince Ferdinand de Brunſwick, attaquèrent alors une hauteur que les ennemis tenoient encore ; elle étoit eſcarpée & chargée de bois ; elle fut emportée cependant : & ce qu'il y avoit de ſingulier, c'eſt que le prince Louis de Brunſwick la défendoit contre ſon frère. Le prince Ferdinand ſe diſtingua beaucoup dans cette occaſion. Le terrein du combat n'étoit alternativement que fonds & hauteurs, ce qui engageoit ſans ceſſe de nouveaux combats ; car les Autrichiens tâchoient de ſe rallier ſur ces hauteurs ; mais repouſſés à pluſieurs repriſes, la confuſion devint générale, & à la retraite, ſuccéda la fuite. Toute la campagne étoit couverte de ſoldats débandés ; cavaliers & fantaſſins, tout étoit mêlé. Tandis que l'armée Pruſſienne victorieuſe pourſuivoit à grands pas les vaincus, les cuiraſſiers de Bornſtædt, qui combattoient à la gauche, enveloppèrent le régiment de Damnitz & un bataillon de Collowrat, prirent 10 drapeaux & firent 1700 priſonniers. Le reſte de la cavalerie de la gauche ne put atteindre la cavalerie Autrichienne, qui évita de s'engager, & fe retira en affez bon ordre dans la forêt de Silva. Le roi arrêta la pourfuite au village de Sorr, dont la bataille porte le nom ; derrière ce village eft la forêt de Silva dont nous avons tant parlé ; il ne falloit pas y fuivre l'ennemi ; ç'auroit été rifquer mal-à-propos, & fans nécef-fité, de perdre tous les avantages qu'on venoit d'obtenir : c'étoit bien affez qu'un corps de 18,000 hommes en eût battu au-delà de 40,000 ; & même il n'y avoit rien à gagner en fe hafar-dant d'aller plus loin. Les vainqueurs perdirent le prince Albert de Brunfwick ; le général Blanckenfée ; les colonels Brédow, Blancken-bourg, Dohna, Ledebour ; les lieutenant-colo-nels Lange & Wédel des gardes, & 1000 fol-dats ; victimes illuftres qui facrifièrent leur vie pour le falut de l'état. On comptoit que le nombre des bleffés montoit à 2,000. Les vain-cus perdirent 22 canons, 10 drapeaux, 2 éten-dards, 30 officiers & 2,000 foldats qui furent faits prifonniers. Le prince Léopold fe diftin-gua dans cette journée, & fur-tout le maré-chal de Buddenbrock & le général Goltz, qui avec douze efcadrons, en battirent cinquante. Si cette bataille ne fut pas auffi décifive que celle de Friedberg, il faut s'en prendre au ter-rein où elle fe donna. L'ennemi qui fuit dans une plaine, doit fouffrir des pertes confidé-rables :

rables : celui qui a le deſſous dans un pays montueux, eſt à l'abri de la cavalerie, qui ne peut l'entamer conſidérablement ; & quelque petit que ſoit le nombre de ceux qui ſe rallient ſur la crête des hauteurs, ce nombre eſt ſuffiſant pour rallentir la pourſuite du vainqueur.

Le projet de cette bataille, conçu par le prince de Lorraine, ou par Franquini, auquel d'autres l'attribuent, étoit beau & bien imaginé. Le poſte des Pruſſiens étoit ſans contredit mauvais ; l'on ne peut les excuſer de n'avoir penſé qu'à leur front & d'avoir négligé leur droite, qui étoit dans un fond dominé par une hauteur éloignée de mille pas ſeulement. Mais ſi les Autrichiens ſavoient imaginer, ils n'avoient pas le talent de l'exécution : voici les fautes qu'ils commirent. Le prince de Lorraine auroit dû former ſa cavalerie de la gauche devant le chemin de Trautenau, & à dos du camp Pruſſien ; en barrant ce chemin, l'armée du roi n'avoit ni terrein pour ſe former, ni moyen d'appuyer ſa droite. Le prince de Lorraine pouvoit auſſi en arrivant ſur le terrein, lâcher cette cavalerie, pour donner à bride abattue dans le camp Pruſſien. Le ſoldat n'auroit eu le temps ni de courir aux armes, ni de ſe former, ni de ſe défendre ; ç'auroit été ſe procurer une victoire certaine. On dit que Mr. d'Aremberg avoit égaré ſa colonne pendant la nuit,

& qu'il s'étoit formé à rebours, le dos tourné vers le camp du roi : cela reſſemble aſſez au duc d'Aremberg, & c'eſt, dit-on, ce qui fit perdre du temps au prince de Lorraine, qui s'occupa long-temps à réparer ce déſordre. Mais, lorſque les Pruſſiens commencèrent à ſe préſenter ſur le champ de bataille, qui empêchoit alors le prince de Lorraine de les faire attaquer tout de ſuite avec ſa cavalerie? Cette gauche auroit fondu d'une hauteur ſur des troupes occupées à ſe former, & ſur d'autres qui défiloient encore. On trouvoit que le roi n'avoit pas commis moins de fautes que ſon adverſaire. On lui reprochoit ſur-tout de s'être mis par le choix d'un mauvais poſte dans la néceſſité de combattre, au-lieu qu'un général habile ne doit ſe battre que lorſqu'il le juge à propos. On diſoit qu'au moins le roi auroit dû être averti de la marche des Autrichiens. Il répondoit à cette accuſation, que l'ennemi lui étant de beaucoup ſupérieur en troupes légères, il ne pouvoit aventurer fort loin les 500 houſards qui lui reſtoient après tous les détachemens qu'il venoit de faire. Mais, objeſtoit-on, il ne falloit pas tant faire de détachemens & s'affoiblir ſi fort vis-à-vis d'une armée ſupérieure. Il répondoit que le corps de Gesler & de Polentz, qui alla joindre le prince d'Anhalt, pouvoit être regardé comme faiſant l'équivalent des

Saxons qui s'en retournèrent chez eux ; que le détachement du général de Naſſau avoit été néceſſaire, pour pouvoir tirer de la Siléſie ſes ſubſiſtances, qui auroient manqué tout-à-fait, ſi les Hongrois qui infeſtoient tout ce duché, n'en euſſent été chaſſés ; que les détachemens de Du Moulin & de Lehwald avoient été indiſpenſables dans les gorges des montagnes, qu'il falloit garder, ou riſquer d'être affamé par l'ennemi. On n'avoit qu'autant de chevaux qu'il en falloit pour amener, à chaque tranſ-port, de la farine pour cinq jours. Si un de ces convois eût manqué, l'armée auroit été ſans pain & ſans ſubſiſtances. On diſoit que le roi auroit dû ſe retirer en Siléſie, plutôt que de haſarder une bataille en Bohème ; mais le roi étoit dans l'idée qu'une bataille perdue en Bohème étoit de moindre conſéquence qu'une bataille perdue en Siléſie ; & d'ailleurs une retraite précipitée auroit indubitablement attiré la guerre dans ce duché. Ajoutez à cela que l'on conſommoit en Bohème les ſubſiſtances de l'ennemi, & qu'en Siléſie on auroit con-ſommé les ſiennes ; mais nous laiſſons au lec-teur la liberté de peſer ces raiſons & d'en juger. On ne peut attribuer le gain de cette bataille qu'au terrein étroit par lequel le prince de Lorraine vint attaquer le roi ; ce terrein ôtoit à l'ennemi l'avantage de la ſupériorité du nombre.

P 2

Les Pruffiens purent lui oppofer un front auffi large que celui qu'il leur préfentoit. La multitude des foldats devenoit inutile au prince de Lorraine, parce que fes trois lignes, prefque fans diftance, preffées les unes fur les autres, n'avoient pas la facilité de combattre, & que la confufion s'y mettant une fois, elle rendoit le mal irrémédiable. Mais heureufement pour la Pruffe, la valeur des troupes répara les fautes de leur chef, & punit les ennemis des leurs.

Pendant que les deux armées fe battoient, les houfards impériaux pilloient le camp Pruffien, la gauche & le centre n'ayant pas eu le temps d'abattre les tentes. Nadafti & Trenck s'en prévalurent; le roi & beaucoup d'officiers y perdirent tous leurs équipages; les fecrétaires du roi furent même pris, & ils eurent la préfence d'efprit de déchirer tous leurs papiers. Mais comment penfer à ces bagatelles, lorfque l'efprit eft occupé des plus grands objets d'intérêt, devant lefquels tous les autres doivent fe taire, de la gloire & du falut de l'état? Mr. de Lehwald, attiré par le bruit du combat, vint encore à temps pour fauver les équipages de la droite, & mettre fin aux cruautés affreufes que ces troupes de Hongrois effrénés & fans difcipline, exerçoient fur quelques malades & fur des femmes qui étoient reftés dans

le camp. De telles actions révoltent l'humanité
& couvrent d'infamie ceux qui les font ou qui
les tolèrent. Il faut dire à la louange du soldat
Pruſſien, qu'il eſt vaillant ſans être cruel, &
qu'on l'a ſouvent vu donner des preuves d'une
grandeur d'ame, qu'on ne doit pas attendre de
gens de baſſe condition.

La poſtérité ſera peut-être ſurpriſe qu'une
armée, victorieuſe dans deux batailles rangées,
ſe retire devant l'armée vaincue, & ne recueille
aucun fruit de ſes triomphes. Les montagnes
qui entourent la Bohème, les gorges qui la
ſéparent de la Siléſie, la difficulté de nourrir les
troupes, la ſupériorité de l'ennemi en troupes
légères, & enfin l'affoibliſſement de l'armée,
fourniſſent la ſolution de ce problême. Suppoſé
que le roi eût voulu établir ſes quartiers d'hiver
dans ce royaume, voici les difficultés qui ſe
préſentoient: tout le pays étoit entiérement
fourragé; on trouve dans ces contrées peu de
villes, encore ſont-elles petites & ont-elles la
plupart de mauvaiſes murailles; il auroit fallu,
pour la ſûreté, y entaſſer les ſoldats les uns
ſur les autres, ce qui auroit ruiné l'armée par
des maladies contagieuſes; à peine avoit-on des
chariots pour les farines, comment en auroit-on
trouvé pour amener le fourrage à la cavalerie?
Mais en quittant la Bohème, le roi pouvoit
remonter, recruter, équiper les troupes, les

mettre dans l'abondance & leur donner du repos, pour s'en fervir, s'il le falloit, le printemps prochain ; outre qu'il paroiffoit probable qu'après la bataille de Sorr, l'impératrice-reine feroit plus difpofée qu'auparavant à l'acceffion au traité de Hanovre.

Après avoir campé par honneur cinq jours fur le champ de bataille de Sorr, le roi ramena fes troupes à Trautenau. Le prince de Lorraine étoit encore à Ertina, prêt à retourner à Kœnigsgrætz au bruit de l'approche des Pruffiens. On apprit dans ce camp, que Mr. de Naffau avoit battu, le jour de la bataille de Sorr, un corps de Hongrois auprès de Léobfchutz, & qu'il avoit fait 170 prifonniers. Mr. de Fouquet avoit auffi trouvé moyen d'enlever 400 houfards entre Grulich & Habelfchwerdt, qui furent conduits à Glatz. Mr. Warneri, qui étoit avec 300 chevaux à Landshut, ayant appris qu'un nouveau régiment Hongrois de Léopold Palfy avoit marché à Bœhmifch-Friedland, les tourna, les furprit, & ramena de fon expédition 8 officiers & 140 foldats prifonniers ; mais comme l'infortune fe mêle fouvent au bonheur, Mr. de Chazot, du corps de Du Moulin, ne fut pas fi heureux dans fon entreprife fur Marchendorff ; il fut attaqué & battu par l'ennemi, & perdit 80 hommes. Après que l'armée eut achevé de confumer les fubfif-

tances des environs de Trautenau, elle se prépara à retourner en Siléſie par le chemin de
Schatzlar. De toutes les gorges & de tous les
défilés de la Bohème, les plus mauvais ſe trouvent
ſur ce chemin : ſoit qu'on avance , ſoit qu'on
recule , il faut uſer de toutes les précautions
poſſibles pour y mener les troupes avec ſûreté.
Le petit ruiſſeau de Trautenbach couloit en
ligne parallèle derrière le camp du roi ; des
rochers & des forêts formoient l'autre bord.
Le 14 d'octobre les bagages prirent les devans
ſous bonne eſcorte , pour rendre la marche plus
facile. On poſta le 15 , cinq bataillons ſur les
montagnes , pour protéger la retraite de l'armée , & lui ſervir enſuite d'arrière-garde. L'armée décampa le 16 ; elle marcha ſur 2 colonnes.
Le prince Léopold , qni conduiſoit celle de
la gauche , qui paſſa par Trautenbach , arriva
en Siléſie ſans avoir vu d'ennemis. La colonne
de la droite , dont le roi s'étoit chargé , fut
précédée par la cavalerie ; l'infanterie paſſa le
ruiſſeau , avant que Franquini , Nadaſti , Moratz , &c. fuſſent avertis de la marche des Pruſſiens ; ils accoururent enſuite avec 7 ou 8,000
hommes. Quoique toutes les hauteurs fuſſent
garnies d'infanterie , le progrès de la marche
obligeoit ſucceſſivement l'arrière-garde à les
quitter ; les pandours profitoient alors de ces
mêmes hauteurs abandonnées , pour faire feu

fur l'arrière-garde. Cette tiraillerie dura depuis huit heures du matin jufqu'à fix heures du foir; ils tuèrent un capitaine & 30 hommes, & en blefsèrent environ 80. Tout le corps de Du Moulin avoit été employé à couvrir le dernier défilé qui mène à Schatzlar par une vallée. Ce corps arrêta l'ennemi, auquel une attaque de cavalerie, que la petite plaine de Schatzlar permit de faire, caufa une perte de 300 hommes ; il fe mit à l'écart, & Mr. Du Moulin défilant à fa droite, paffa par les Rehberge & entra dans le camp par la route que le roi lui avoit ménagée. L'armée féjourna à Schatzlar jufqu'au 19, qu'elle vint camper à Liebau fur le territoire de la Siléfie. Le corps de Du Moulin fut deftiné à former un cordon le long des frontières. Le refte de l'armée entra en quartiers de cantonnement entre Ronftock & Schweidnitz ; elle pouvoit fe raffembler en fix heures de temps, & fe trouvoit au large par la quantité de villes & de villages qu'il y a dans cette contrée floriffante. Ce fut là que le roi attendit la féparation de l'armée Autrichienne, avant que de prendre des quartiers d'hiver. Mr. de Naffau, qui vouloit s'en procurer dans la haute Siléfie, furprit un corps de Hongrois à Haftehim, & chaffa le maréchal Efterhazi d'Oderberg ; les houfards de Wartenberg, qui étoient de ce corps, fe diftinguèrent également ; ils battirent les dragons de Gotha, leur enlevèrent un étendard, & firent 111 prisonniers. Après cela Mr. de Naſſau marcha à Ponuba, & les Hongrois s'enfuirent à Teſchen, & delà vers Jablunka. Mr. de Fouquet, qui ne vouloit pas être inutile à Glatz, fit enlever 200 houſards qui s'étoient imprudemment enfermés dans Nachòd. Cet habile officier donna des marques de génie & de capacité pendant tout le cours de cette guerre. Nous nous contenterons de dire, que quarante partis qui ſortirent de ſa garniſon durant cette campagne, enlevèrent plus de 800 hommes à l'ennemi.

Le roi apprit le 24 d'octobre, que le prince de Lorraine avoit ſéparé ſon armée en trois corps ; il ſuppoſa que c'étoit dans le deſſein de les étendre dans la ſuite, parce que la ſaiſon des opérations militaires étoit paſſée : il laiſſa le commandement des troupes au prince Léopold, en lui enjoignant de ne les point ſéparer davantage, avant d'en avoir reçu les ordres.

Le roi partit pour Berlin, où ſa préſence devenoit néceſſaire, tant pour réchauffer les négociations qui commençoient à languir, qu'afin de trouver des fonds pour la campagne prochaine, au cas que la paix ne pût pas ſe conclure pendant l'hiver.

# CHAPITRE XIII.

*Révolution d'Écoſſe, qui fait quitter Hanovre au Roi d'Angleterre, & rallentit les négociations de la paix Deſſein des Autrichiens & des Saxons ſur le Brandebourg découvert. Contradictions dans le conſeil des miniſtres. Projets de campagne. Le Prince d'Anhalt raſſemble ſon armée à Halle. Le Roi part pour la Siléſie. Expédition de la Luſace. Le Prince d'Anhalt marche à Meiſſen. Bataille de Keſſelsdorf. Priſe de Dreſde. Négociation & concluſion de la paix.*

SI durant l'année 1745 les négociations des Pruſſiens euſſent eu autant de ſuccès que leurs armes, ils auroient pu s'épargner auſſi bien qu'à leurs ennemis, une effuſion de ſang inutile, & l'on auroit eu la paix plutôt ; mais pluſieurs incidens, auxquels on ne pouvoit s'attendre, rendirent les bonnes intentions du roi impuiſſantes. A peine le roi d'Angleterre eut-il ſigné, preſque malgré lui, la convention de Hanovre, que la rebellion d'Écoſſe venant à éclater, elle l'obligea de hâter plus qu'il n'auroit voulu, ſon retour à Londres. Un jeune homme, c'étoit le fils du prétendant, paſſe furtivement en Écoſſe, accompagné de quelques perſonnes fidelles ; il ſe tient caché dans une isle, vers le nord des côtes, pour donner à ſes partiſans le temps d'aſſembler & d'armer leurs payſans, d'ameuter les montagnards, & de former une milice qui fût au moins l'ombre d'une armée. Par cette diverſion, la France armoit l'Angleterre contre l'Angleterre ; & un enfant, débarqué en Écoſſe ſans troupes & ſans ſecours, force le roi George à rappeller ſes Anglois qui défendoient la Flandre, pour ſoutenir ſon trône ébranlé. La France ſe conduiſit ſagement dans ce projet, & elle dut à cette diverſion, toutes les conquêtes qu'elle fit depuis en Flandre comme en Brabant. Au commencement, le roi d'Angleterre & ſes miniſtres mépriſèrent le jeune Édouard, ſon foible parti, & cette rebellion naiſſante. On diſoit à Londres que c'étoit la ſaillie d'un prêtre Jacobite ( le cardinal Tencin ), & l'équipée d'un jeune étourdi. Cependant ce jeune étourdi battit & chaſſa le général Cop , que le gouvernement avoit envoyé contre lui avec ce qu'on avoit pu en hâte raſſembler de troupes. Cet échec ouvrit les yeux au roi ; il lui apprit que dans un gouvernement ariſtocratique , une étincelle peut allumer un incendie Les affaires de l'Écoſſe abſorbèrent toute l'attention de ſon conſeil : les négociations étrangères tombèrent en langueur ; les alliés de l'Angleterre la croyant aux abois, n'eurent plus pour elle la même confidération. Ce qu'il y avoit de fâcheux, c'eft que la convention de Hanovre commençoit à tranfpirer ; les Autrichiens & les Saxons l'avoient ébruitée, & cela pouvoit produire un mauvais effet chez les François, qui étoient cependant les feuls alliés qu'eût la Pruffe. Il arriva donc que la diverfion que le jeune Édouard faifoit en Écoffe, en devint une pour la reine de Hongrie, en ce qu'elle lui procura la liberté de faire contre le roi de Pruffe les derniers efforts, malgré le roi d'Angleterre, dont alors à Vienne on méprifoit les confeils.

Le roi, qui fe trouvoit à Berlin, épuifoit tous les expédiens pour trouver des fonds qui le miffent en état de continuer la guerre. Les revenus de la Siléfie ne s'étoient pas perçus comme en temps de paix ; les deux tiers en avoient manqué : il falloit chercher des reffources, & il étoit bien difficile de s'en procurer. Cet embarras étoit grand ; les dangers que les ennemis préparoient à l'état, étoient bien plus terribles. Voici comment le roi en fut informé. Depuis le mariage du prince fucceffeur au trône de Suède, avec la princeffe Ulrique, fœur du roi, les Suédois étoient en partie portés pour les intérêts de la Pruffe. Mr. de Rudenfchild & Mr. Wolfenftirna,

miniſtres de Suède., l'un à la cour de Berlin,
l'autre à Dresde., étoient particuliérement attachés à la perſonne du roi. Wolfenſtirna étoit bien
dans la maiſon du comte de * * *; il faiſoit la
partie de jeu du miniſtre. De * * * n'étoit pas
auſſi circonſpect en ſa préſence qu'un premier
miniſtre, dépoſitaire des ſecrets de ſon maître,
doit l'être généralement envers tout le monde.
Wolfenſtirna découvrit ſans peine que le plan
de la cour de Vienne & de Dresde étoit
d'envoyer l'armée du prince de Lorraine par
la Saxe, d'où, joint aux troupes Saxonnes, il
devoit pendant l'hiver marcher droit à Berlin :
il fit part de ſa découverte à Rudenſchild,
qui en avertit le roi le 8 de novembre, jour où
l'on ſuſpendoit dans les égliſes les trophées de
Friedberg & de Sorr. Rudenſchild ajouta que
ce projet avoit été fait par de * * *, corrigé
par Bartenſtein, amplifié par Rutowsky, envoyé par Saul à Francfort à la reine de Hongrie ; que de * * * étoit convaincu qu'on écra-
ſeroit la Pruſſe par ce coup, & que c'étoit
cette ferme eſpérance qui avoit empêché la
cour de Vienne, & celle de Drésde, d'adhérer
aux ſentimens pacifiques du roi d'Angleterre ;
qu'on avoit de plus partagé les dépouilles de
la Pruſſe de façon, que le roi de Pologne auroit
les évêchés de Magdebourg, de Halberſtadt,
avec Halle & ſon territoire, & que l'impéra-

trice reprendroit la Siléfie. Il apprit de plus au roi la caufe de la haine que de * * * lui por‑ toit. Il avoit été outré d'un manifefte que le roi avoit fait publier, & fur-tout de ces paffa‑ ges : » Pendant que tant d'horreurs fe com‑
» mettoient en Siléfie, & que le Ciel, jufte
» vengeur des crimes, fe plaifoit à les punir
» d'une façon fi palpable, fi éclatante & fi
» févère, on foutenoit froidement à Dresde
» que la Saxe n'étoit point en guerre avec la
» Pruffe, que le duc de Weiffenfels & les
» troupes qu'il avoit fous fes ordres, n'avoient
» point attaqué les états héréditaires du
» roi, mais feulement de nouvelles acqui‑
» fitions. Le miniftère de Dresde fe berçoit
» de ces fortes de raifonnemens captieux,
» comme fi de petites diftinctions fcolaftiques
» étoient des motifs affez puiffans pour jufti‑
» fier l'illégalité de fes procédés. Rien de plus
» facile que de réfuter, &c ». Et du paffage fuivant : » Il paroît que c'étoit enfin ici le
» terme de la patience & de la modération
» du roi ; mais fa majefté ayant compaffion
» d'un peuple voifin, innocent des offenfes
» qu'elle a reçues, & connoiffant les malheurs
» & les défolations inévitables qu'entraîne la
» guerre, fufpendit encore les juftes effets de
» fon reffentiment, pour tenter de nouvelles
» voies d'accommodement avec la cour de

» Dresde. Il y a lieu de préfumer, après ces
» nouveaux & derniers refus qu'elle vient de
» recevoir, que la confiance du roi de Pologne
» a été furprife par l'indigne perfidie de fes
» miniftres. Les repréfentations les plus pathé-
» tiques, & les offres les plus avantageufes
» ont été prodiguées en pure perte ». Il faut
avouer que de * * * étoit vivement attaqué dans
ces paffages, & que perfonne ne pouvoit s'y
méprendre ; car les miniftres qu'on nommoit
au pluriel, étoient plutôt fes commis que fes
égaux. Ce rapport parut d'autant plus vrai,
que le roi connoiffoit le caractère du comte
de * * * & la fierté de l'impératrice-reine. Si
le projet des Saxons étoit dangereux pour la
Pruffe, il n'étoit pas moins hafardeux pour la
Saxe ; mais les paffions & fur-tout le défir de
la vengeance aveuglent fi fort les hommes,
qu'ils font capables de tout rifquer dans l'efpérance de fe fatisfaire.

Cette crife violente demandoit donc un
prompt remède. L'armée du prince d'Anhalt
reçut ordre de s'affembler incontinent à Halle.
Et comme il s'agiffoit de prendre un parti décifif, le roi crut que, fans déroger à fon autorité,
il pouvoit affembler un confeil, écouter la voix
de l'expérience, & fuivre ce qu'il y auroit de
fage dans l'avis de ceux qu'il confultoit. Quiconque eft chargé des intérêts d'une nation,

ne doit rien négliger de ce qui peut en procurer
le falut. Le prince d'Anhalt fut un des premiers
auxquels le roi fit l'ouverture du projet de ***.
Ce prince étoit un de ces hommes qui, prévenus
d'amour-propre, abondent en leur fens, & font
pour la négative, lorfque les autres affirment. Il
parut avoir pitié de la facilité avec laquelle
on ajoutoit foi à cette accufation contre de ***;
il dit qu'il n'étoit pas naturel qu'un miniftre du
roi de Pologne, Saxon de naiffance, voulût
attirer de gaieté de cœur quatre armées dans
les états de fon maître, & les expofer à une
ruine inévitable. Le roi lui montra une lettre
qui portoit que dans deux jours le général Grune
arriveroit avec fon corps à Géra, pour joindre
les Saxons à Leipfick : il lui produifit différentes
lettres de la Siléfie, qui toutes conftatoient que
les Saxons amaffoient de gros magafins en Luface pour les troupes du prince de Lorraine,
qu'on y attendoit dans peu : il finit par lui dire
qu'il lui confioit le commandement de l'armée
qui s'affembloit à Halle. Le prince d'Anhalt
perfifta dans fon incrédulité ; cependant on lifoit
fur fon vifage qu'il étoit flatté de fe voir à la tête
d'un corps qui pouvoit lui fournir le moyen de
rajeunir fon ancienne réputation. Le comte
Podewils entra un moment après. Le roi le
trouva tout auffi incrédule que le prince d'Anhalt ; ce n'étoit point par efprit de contradiction,

mais

mais par timidité. Ce miniftre avoit quelques
fonds placés à la Steuer à Leipfick ; il craignoit
de les perdre ; incorruptible d'ailleurs, fa foibleffe feule éloignoit de fon efprit toute idée de
rupture avec la Saxe, comme un objet défagréable, & croyant les autres auffi timides que
lui, il jugeoit de *** incapable d'un projet fi
hardi. Enfin dans ce beau confeil on difcutoit
la fauffeté ou la vérité du fait, & perfonne ne
penfoit à prévenir le mal qui étoit fur le point
d'éclater. Le roi fut obligé d'employer fon autorité, pour que le prince d'Anhalt fît les difpofitions néceffaires à la fubfiftance de l'armée de
Halle, & pour que le comte Podewils dreffât
les dépêches aux cours étrangères, par lefquelles on les avertiffoit des complots de la
Saxe, & de la réfolution où étoit le roi de les
prévenir.

Et comme fi ce n'en étoit pas affez de tant
d'embarras, il en furvint encore de nouveaux.
L'envoyé de Ruffie vint déclarer au roi, au
nom de l'impératrice, qu'elle efpéroit que le
roi s'abftiendroit d'attaquer l'électorat de Saxe,
parce qu'une femblable démarche l'obligeroit
à envoyer fon contingent au roi de Pologne,
comme elle y étoit tenue par fon alliance avec
ce prince. Le roi lui fit répondre que fa majefté
étoit dans l'intention de vivre en paix avec
tous fes voifins, mais que fi quelqu'un d'eux

couvoit des deſſeins pernicieux contre ſes étatⓢ,
aucune puiſſance de l'Europe ne l'empêcheroit
de ſe défendre & de confondre ſes ennemis.
Cependant toutes les lettres de la Saxe & de la
Siléſie confirmoient les avis de Mr. de Rudenſchild. Pour être encore mieux informé des
mouvemens du prince de Lorraine, le roi forma
un corps de troupes mêlées, cavalerie, infanterie & houſards, avec lequel Mr. de Winterfeld s'avança vers Friedland ſur les fron-
tièreⓢ de la Bohème & de la Luſace, avec ordre,
ſi le prince de Lorraine entroit en Luſace, de
le côtoyer & de longer le Queis, qui coule ſur la
fronrière de la Siléſie. Le deſſein du roi étoit
de tomber ſur les Saxons de deux côtés à la
fois. L'armée de Siléſie devoit agir contre celle
du prince de Lorraine, la ſurprendre, s'il ſe
pouvoit, dans ſes cantonnemens en Luſace;
ou la combattre, pour la rechaſſer en Bohème.
Dans ce danger qui mettoit toute la ville de
Berlin en alarme, le roi affeĉta la meilleure
contenance poſſible, afin de raſſurer le public.
Son parti étoit pris; la déclaration des Ruſſes
ne l'inquiétoit point, car cette puiſſance ne
pouvoit agir que dans ſix mois, & c'étoit plus
de temps qu'il n'en falloit pour décider du ſort
dès Pruſſiens & des Saxons : les choſes en
étoient à cette extrêmité, qu'il falloit vaincre
ou périr. Le roi appréhendoit l'incrédulité

& la lenteur du prince d'Anhalt ; il craignoit
aussi que le corps de Grune, qui étoit de 7,000
hommes effectifs, ne marchât droit à Berlin.
Afin de pourvoir autant qu'il se pouvoit à la
sûreté de cette capitale, le général Haake y
étoit resté avec une garnison de 5,000 hommes ; mais l'enceinte de cette ville ayant deux
milles de circonférence, il étoit impossible de la
défendre, & Mr. de Haake devoit aller au-
devant de l'ennemi & le combattre, avant qu'il
en approchât. Cette précaution étoit à la vérité
insuffisante ; mais les moyens n'en permettoient
pas une meilleure. On fit des arrangemens pour
transporter, en cas de malheur, la famille royale,
les archives, les bureaux, les conseils suprêmes
à Stetin comme dans un asyle, si la fortune
abandonnoit les armes prussiennes. Le roi écrivit
encore une lettre pathétique au roi de France,
dans laquelle il lui faisoit une vive peinture de sa
situation, & lui demandoit instamment les secours qu'il lui devoit selon les traités. Il seroit
bien difficile de deviner par quelle raison le
prince d'Anhalt tâcha de dissuader le roi de
prendre le commandement de l'armée de Siléfie ;
il poussa si loin ses représentations importunes,
qu'enfin le roi lui dit qu'il avoit résolu de se
mettre à la tête de ses troupes, & que lorsque
le prince d'Anhalt entretiendroit une armée, il
pourroit en donner le commandement à qui bon

lui fembleroit; après quoi il fut obligé de fe rendre
à Halle , & le roi partit le 14 de novembre pour la
Siléfie , laiffant Berlin dans la confternation , les
Saxons dans l'efpérance, & toute l'Europe atten-
tive à l'événement de cette campagne d'hiver.

Le roi arriva le 15 à Lignitz ; il y trouva le
prince Léopold , & le général Goltz ( qui avoit
l'infpection des vivres ). Des lettres du général
Winterfeld , arrivées en même temps , apprirent
que 6,000 Saxons qui faifoient l'avant-garde
du prince de Lorraine , étoient entrés en Luface
par Zittau , & que les troupes Autrichiennes
alloient les fuivre. Le prince Léopold fut inf-
truit de toutes les opérations que le roi avoit
projetées. L'armée de Siléfie étoit effectivement de 30,000 hommes, tous vieux foldats
d'élite, accoutumés à vaincre ; refaits par quatre
femaines de repos, ils étoient difpofés à tout
entreprendre. Il y avoit cependant des précautions néceffaires à prendre encore avant de quitter la Siléfie. On ne pouvoit abandonner la ville
de Schweidnitz, où il y avoit des magafins , &
qui alors n'étoit pas fortifiée ; il fallut donc que
Mr. de Naffau quittât la haute Siléfie, pour
aller vers Landshut s'oppofer au corps de
Mr. de Hohenems, qui avoit ordre de fa cour
de faire une invafion dans la baffe Siléfie du
côté de Hirfchberg. La fituation du roi étoit
à peu près femblable à celle où il fe vit avant

la bataille de Hohenfriedberg ; il eut recours aux mêmes rufes , pour attirer les ennemis dans les mêmes pièges. On affecta de refpecter fcrupuleufement les frontières de la Saxe , & de borner fon attention à gagner Croffen avant le prince de Lorraine. Pour fortifier cette opinion , Winterfeld fit punir quelques houfards qui avoient commis des défordres en Luface. On prépara des chemins à Croffen , on amaffa des vivres fur la route , en forte que les gens du pays , qu'il faut toujours tromper les premiers , crurent bonnement qu'on n'avoit aucun autre objet. Mr. de Winterfeld venoit d'occuper Naumbourg fur le Queis , & publioit qu'il n'étoit là que pour côtoyer l'ennemi en longeant cette rivière , & le prévenir à Croffen.

Le prince de Lorraine , qui étoit dans l'idée flatteufe que les Pruffiens fe repofoient tranquillement dans leurs quartiers d'hiver , que leurs troupes étoient découragées , & qu'il n'avoit à redouter qu'un corps de 3,000 hommes qui l'obfervoit , s'endormit dans une dangereufe fécurité , & ce même ftratagême réuffit pour la feconde fois. Tant il eft vrai que la défiance eft la mère de la fûreté , & qu'un général fage ne doit jamais méprifer l'ennemi , mais veiller fur fes démarches , afin qu'elles lui fervent de bouffole dans toutes fes opérations. Pour empêcher autant qu'il étoit poffible que les

Autrichiens ne fuſſent inſtruits des mouvemens
de l'armée, le roi avoit fait border trois rivières
qu'il avoit devant lui, le Queis par Mr. de
Winterfeld, la Neiſe par des troupes légères,
& le Bober par d'autres détachemens. Tout ce
qui venoit de la Luſace avoit le paſſage libre,
mais il étoit interdit à tous ceux qui vouloient
paſſer ces rivières pour aller en Saxe ; de ſorte
qu'on ſe procuroit des nouvelles, & qu'on empêchoit l'ennemi d'en avoir. Bientôt, ſur celles
qu'on eut de l'ennemi, l'armée s'avança en
cantonnant ſur le Queis. Le roi prit ſon quartier
à Holſtein ; c'étoit le 22 de novembre, & il
n'étoit qu'à un mille de Naumbourg. On fit
conſtruire quatre ponts ſur la rivière, pour pouvoir la paſſer rapidement ſur quatre colonnes.
Le deſſein du roi étoit de ſe laiſſer dépaſſer par
les impériaux, puis de les prendre par derrière,
pour leur couper les vivres, & les forcer ainſi,
ou à ſe battre, ou à s'enfuir honteuſement vers
les frontières de la Bohème. Mais pour ſuivre
le projet qu'on avoit une fois adopté, on
s'étoit interdit d'envoyer des partis en Luſace,
& l'on ne pouvoit avoir des nouvelles que par
des eſpions ; ce qui n'eſt jamais auſſi ſûr que ce
que rapportent les troupes. De plus, l'expédition étoit ſi importante, qu'il falloit préférer
la ſûreté au brillant.

Mr. de Winterfeld, inſtruit des projets du

roi, l'avertit que les ennemis avançoient par
cantonnemens, mais qu'ils s'étendoient fi fort,
que leur gauché étoit à Lauban, & leur droite
à Gœrlitz ; il ajouta qu'ils marcheroient le lendemain, felon l'avis de fes efpions, & qu'il
croyoit que le moment d'agir étoit arrivé. Sur
cela l'armée marcha le 23 fur quatre colonnes,
dont chacune étoit conduite par un lieutenant-
général. Le rendez-vous de ces colonnes étoit
à Naumbourg ; ce fut-là que le roi leur donna
les difpofitions ultérieures. Il s'éleva ce matin
un brouillard d'autant plus favorable , qu'il
cachoit à l'ennemi jufqu'au moindre mouvement de l'armée. A Naumbourg il y a un pont
de pierre fur le Queis ; à côté il y avoit deux
guets pour la cavalerie : on fit en hâte un pont
pour la feconde colonne d'infanterie. Tout cela
étant arrangé, les conducteurs des colonnes ,
je veux dire les généraux, fe rendirent à
Naumbourg, & eurent ordre de paffer inceffamment le Queis. On leur donna des guides
pour les conduire à Catholifch-Hennersdorf,
avec ordre de fe feconder mutuellement, felon
qu'une colonne qui donneroit fur les quartiers
de l'ennemi, auroit befoin de cavalerie ou d'infanterie pour réuffir dans fon opération ; car
on manquoit d'informations affez exactes fur
les lieux où l'armée du prince de Lorraine
féjournoit , pour faire des difpofitions plus

détaillées. Le brouillard tomba au moment que les colonnes eurent paffé le Queis. Celles de la droite & de la gauche étoient de cavalerie, les deux du centre étoient d'infanterie. Un régiment de houfards précédoit la marche de chacune d'elles, pour avertir à temps les généraux de ce qui fe paffoit devant eux. Le roi étoit à la tête de la première colonne d'infanterie ; elle avoit pour guide un garçon meûnier, qui la mena à un marais où les beftiaux paiffoient en été, & qui n'étoit guère praticable dans l'arrière faifon. On eut de la peine à fe tirer delà ; mais à force de chercher, on trouva un chemin qui côtoyoit un bois, & par lequel on pouvoit paffer. Pendant que les troupes défiloient, les houfards de Ziethen donnèrent dans le village de Catholifch-Hennersdorf, & avertirent qu'il étoit garni de deux bataillons & de fix efcadrons de Saxons ; ils ajoutèrent qu'ils amuferoient affez l'ennemi pour donner à la colonne le temps d'arriver. On fit à l'inftant avancer deux régimens de cuiraffiers de la quatrième colonne qui étoit la plus proche, & Mr. de Rochow emmena les régimens de Gesler & de Bornftædt ; Mr. de Polentz fut commandé avec trois bataillons de grenadiers pour les fontenir. C'étoit ce foi-difant marais, qu'on croyoit impraticable, qui avoit trompé les Saxons ; ils n'avoient aucune garde de ce

côté-là , ce qui donna moyen de les furprendre.
Le village de Hennersdorf a un demi-mille de
longueur. L'action commença à quatre heures
vers la partie orientale , & finit à fix vers l'extrêmité qui eft au couchant. Polentz prit les
Saxons à revers , Rochow les attaqua de front ,
& Winterfeld en flanc. Les régimens de Gotha ,
de Dalwitz , & la plus grande partie de celui
d'Obirn furent faits prifonniers ; le général
Dalwitz , le colonel Obirn , & 30 officiers
furent de ce nombre ; en tout les Saxons perdirent 6 canons , 1100 hommes , 2 paires de
timbales , 2 étendards & 3 drapeaux ; leurs
équipages tombèrent en partage aux houfards ,
qui avoient bien mérité cette petite récompenfe.
L'armée campa à Catholifch-Hennersdorf , &
l'on avertit les troupes, que fi l'on étoit obligé
de les fatiguer pendant quelques jours, c'étoit
pour leur épargner des batailles. Quoique la
moitié de l'armée manquât de tentes, que plufieurs régimens n'euffent que des culottes de
toile, ils fe prêtèrent tous de bonne grace à
ce qu'ils voyoient que la néceffité exigeoit
d'eux. Cet heureux début fit augurer que le
prince de Lorraine ne tiendroit pas contre les
Pruffiens. On fe propofa de profiter de la confternation que l'enlèvement d'un de fes quartiers devoit caufer dans fon armée, & de la
talonner tout de fuite pour ne lui pas laiffer le

temps d'en revenir. Le lendemain 24, le temps
étoit si obscur & le brouillard si épais, qu'on
fut obligé d'avancer en tâtonnant. On se campa
derrière le village de Léopoldshain, & pour plus
de sûreté, l'on plaça 15 bataillons dans ce village. Les coureurs rapportèrent que l'ennemi
se retiroit par-tout ; qu'on ne trouvoit dans
les chemins que chariots dételés, bagages ren-
versés, chariots de poudre abandonnés, en un
mot, tout ce qui pouvoit attester leur fuite. Les
déserteurs, qui arrivoient en grand nombre,
disoient que la confusion s'étoit mise dans leurs
troupes, à cause que les deux derniers jours
on leur avoit donné vingt ordres différens ou
contradictoires.

Toutefois on apprit le 25 de bon matin, que
le prince de Lorraine avoit rassemblé son armée
à Schœnfeld, à une lieue du camp du roi. Le
roi ne balança pas : le jour étoit serein, il se
mit incontinent en marche dans le dessein d'attaquer les ennemis. Comme il approchoit de Gœrlitz, ses partis lui rapportèrent que les ennemis
avoient décampé à petit bruit, & qu'ils avoient
pris le chemin de Zittau. L'armée Prussienne
se campa auprès de Gœrlitz, qui se rendit par
composition ; 60 officiers & 250 hommes y
furent faits prisonniers de guerre ; parmi ces
officiers il y en avoit de malades, & quelques-
uns qui, ayant été blessés à Catholisch-Hen-

nersdorf, avoient trouvé le moyen de se sauver. Il y avoit à Gœrlitz un magasin qui fut
d'un grand secours pour faciliter cette expédition. Le 26, l'armée se porta en avant sur le
couvent de Radomiritz, & l'on mit les troupes
en cantonnemens. Mrs. de Bonin & de Winterfeld furent commandés avec 70 escadrons
& 10 bataillons pour longer une petite rivière
qu'on nomme la Neisse. Ce mouvement, qui
menaçoit l'ennemi d'être coupé de Zittau, fit
que le prince de Lorraine abandonna son camp
d'Ostritz, pour gagner Zittau avant les Prussiens. Comme cette retraite se faisoit à la hâte,
les housards Prussiens firent des prises considérables sur les bagages des Autrichiens. Le
roi s'avança à Ostritz le 27, & envoya Mr. de
Winterfeld à Zittau ; l'arrière-garde du prince
de Lorraine défiloit précisément par cette
ville. M. de Winterfeld donna dessus, & fit
350 prisonniers ; les ennemis perdirent tous
leurs bagages, & mirent eux-mêmes le feu à
leurs chariots, pour qu'ils ne tombassent pas
entre les mains de ceux qui les poursui-
voient. Cette expédition ne dura que cinq
jours. Les Autrichiens y perdirent des maga-
sins, leurs bagages, & rentrèrent en Bohème
affoiblis de 5,000 hommes. On laissa 10 bataillons & 20 escadrons dans le voisinage de
Zittau, pour garder ce poste important, &

Mr. de Winterfeld fut obligé de retourner en Siléfie avec 5 bataillons & 5 efcadrons, pour tomber fur les flancs de Mr. de Hohenems, tandis que Mr. de Naffau fe préparoit à l'attaquer de front. Cette expédition fut fi heureufe, qu'en moins de vingt-quatre heures il ne refta plus d'Autrichiens en Siléfie. Les dragons de Philibert furent défaits par les houfards de Wartenberg, & Mr. de Hohenems ne le céda au prince de Lorraine, ni par la promptitude de fa retraite, ni par la perte de fes bagages. Les troupes Pruffiennes qui étoient en Luface, fe mirent en quartiers de rafraichiffement aux environs de Gœrlitz, à l'exception de Mr. de Lehwald, qui fut détaché avec 10 bataillons & 20 efcadrons pour Bautzen, avec ordre de pouffer delà vers l'Elbe, afin de donner aux Saxons des inquiétudes pour leur capitale, & de faciliter les opérations du prince d'Anhalt. Le colonel Brandis, qui avec 2 bataillons étoit demeuré à Croffen, s'empara de Guben, où il prit un gros magafin aux Saxons.

Durant cette expédition de Luface on n'eut aucune nouvelle du prince d'Anhalt ; mais les Saxons divulguoient que Mr. de Grune avoit paffé l'Elbe à Torgau, & marchoit à Berlin. Pendant que ces bruits donnoient lieu à d'étranges réflexions, un officier vint de Halle annoncer que le prince d'Anhalt s'étoit mis en marche le 30 de novembre, qu'il avoit voulu attaquer les Saxons dans leurs retranchemens de Leipfick, mais les avoit trouvés abandonnés ; que Leipfick s'étoit foumis, & que les Saxons fuyoient vers Dresde. Le roi renvoya d'abord cet officier, pour preffer le prince d'Anhalt de gagner Meiffen le plutôt qu'il le pourroit, & l'avertir que le corps de Lehwald, n'attendoit que fon arrivée pour le joindre. Lorfqu'on apprit à Dresde que le prince de Lorraine avoit été fi vîte expédié, la confternation fut fi grande, qu'on fit fur le champ rebrouffer chemin au corps de Grune, & que le comte de Rutowsky fut obligé de ramener fon armée pour couvrir Dresde...

Pendant que le prince d'Anhalt marchoit vers Meiffen, & que l'armée du roi demeuroit en panne, celui-ci employa ce temps à renouer avec les Saxons une négociation tant de fois rompue, & que les conjonctures paroiffoient éloigner plus que jamais. Il écrivit pour cet effet à Mr. de Villiers, miniftre d'Angleterre à la cour de Dresde, lui déclarant que malgré l'animôfité que fes ennemis venoient encore de manifefter fi ouvertement contre lui, & les avantages qu'il venoit de remporter fur eux, il perfévéroit dans la réfolution qu'il avoit une fois prife de préférer la modération aux partis extrêmes ; qu'il offroit la paix au roi de Pologne, avec l'oubli du paffé, en pofant la convention de Hanovre pour bafe de cette réconciliation. Ce parti n'avoit été pris qu'après de mûres réflexions, parce qu'on peut faire la paix lorfque les armes font heureufes ; mais fi l'on a du deffous, l'ennemi ne fe trouve guère dans la difpofition de fe réconcilier. La paix pouvoit épargner le fang de tant de braves officiers, qui alloient le facrifier pour remporter la victoire. Il falloit confidérer, que quelque heureufe que fût la guerre en Saxe, c'étoit un incendie dans la maifon du voifin qui pouvoit fe communiquer à la nôtre ; il falloit outre cela, le plus promptement qu'il étoit poffible, terminer cette guerre, afin d'empêcher la Ruffie de s'en mêler. Le roi n'avoit rien à efpérer des fecours de la France, & fi l'on ne mettoit fin à ces troubles pendant l'hiver, on devoit s'attendre au printemps que la reine de Hongrie rappelleroit du Rhin fon armée, qui lui devenoit inutile, pour la joindre à celle de la Bohème ; ce qui lui auroit donné une grande fupériorité : enfin le prétexte de la guerre ne fubfiftoit plus depuis la mort de Charles VII. Ajoutez encore que la récolte de l'année ayant été mauvaife, elle avoit rendu les bleds auffi rares que chers, & que les finances étoient entiérement épuifées. La paix étoit donc l'unique

remède à tous ces maux. On s'étonnera peut-
être que le roi parût fi modéré dans les conditions qu'il propofoit pour la paix ; mais qu'on
obferve qu'il étoit dans une fituation qui l'engageoit à calculer toutes fes démarches, & à
ne rien hafarder légérement. Premiérement il
foutenoit les principes de défintéreffement, qu'il
avoit annoncés dans des manifeftes de l'année
1744 & 1745 ; s'il avoit extorqué quelque
ceffion au roi de Pologne, il auroit confondu
les intérêts de ce prince avec ceux des Autrichiens, & feroit devenu l'artifan d'une union,
que la bonne politique exigeoit qu'il tâchât
de diffoudre. Enfuite l'Europe n'étoit que trop
jaloufe de l'acquifition que le roi avoit faite de
la Siléfie ; il falloit effacer ces impreffions, &
non les renouveller. Ajoutez encore que le
moyen le plus court de parvenir à la paix,
étoit de rétablir l'ordre des poffeffions fur le
pied où elles étoient avant la dernière guerre.
Comme les conditions propofées n'étoient ni
dures ni onéreufes, elles pouvoient procurer
une paix d'autant plus ftable, qu'elle ne laiffoit aucune femence ni d'animofité ni de jaloufie. Ces principes fervirent de loi, & l'on
verra dans la fuite, que malgré les fuccès qui
couronnèrent les entreprifes de ce prince, il
ne s'en départit jamais. Qui n'auroit cru que
des propofitions auffi raifonnables feroient bien

accueillies par le roi de Pologne ? Il en fut
tout le contraire cependant. Le comte de * * *
n'avoit que fon projet en tête. Il avoit fait
revenir en Saxe le prince de Lorraine, dans
l'intention de joindre cette armée à celle de
Rutowsky, & au corps du comte de Grun ;
fier de ces forces, il fe propofa de commettre
le fort de fon roi & le falut de fa patrie à la
fortune d'un combat, facrifiant ainfi tous les
intérêts, qui font facrés pour la plupart des
hommes, afin de fatisfaire fa vengeance particulière.

Villiers fe rendit à la cour avec l'air d'un
homme qui annonce une bonne nouvelle ; il
demanda audience, & ajouta aux propofitions
dont il étoit chargé, les exhortations les plus
pathétiques, pour porter Augufte à éviter les
malheurs qui menaçoient fes peuples & fa perfonne. Le roi lui répondit féchement, qu'il aviferoit à ce qu'il y auroit à faire. De * * * s'expli-
qua plus clairement avec le miniftre Anglois ;
il fit fonner fort haut le fecours qu'il attendoit
des Ruffes, parla avec emphafe des grandes
reffources de la Saxe, & finit par lui dire que
par déférence pour le roi d'Angleterre, il feroit
délivrer au Sr. Villiers, un mémoire, conte-
nant les conditions auxquelles le roi de Pologne
pourroit fe réfoudre à faire la paix. Le lendemain, premier de décembre, le roi de Pologne

partit

partit pour Prague, & les deux princes aînés
pour Nurnberg. Quel contraſte de hauteur &
de foibleſſe ! Après le départ de la cour, un des
conſeillers Saxons remit au Sr. Villiers ce mémoire, qui contenoit en ſubſtance : Que le
roi de Pologne accéderoit à la convention de
Hanovre, à condition qu'au moment même
les Pruſſiens feroient ceſſer toute hoſtilité,
n'exigeroient plus de contributions, reſtitue-
roient celles qu'ils avoient reçues, évacue-
roient la Saxe ſans plus différer, & paieroient
tous les dommages précédens, & ceux que
cauſeroit la retraite des troupes. Villiers au-
gura mal d'une paix dont la Saxe diƈtoit les
conditions avec hauteur. Il envoya ce mémoire
au roi, en l'aſſurant des bonnes intentions du
roi d'Angleterre, & il ajouta qu'il ne garan-
tiſſoit pas la déclaration des miniſtres de Saxe;
c'étoit en dire aſſez.

Le roi fut informé en même temps que le
prince de Lorraine avoit paſſé l'Elbe à Leutmeritz, & qu'il dirigeoit ſa marche vers Dresde.
En combinant le mouvement de cette armée &
la fuite précipitée du roi de Pologne & de ſes
enfans, il paroiſſoit évidemment que le comte
de * * * ne vouloit point la paix. Pour être
donc plus à portée d'anéantir les projets d'ennemis auſſi acharnés, le roi tranſporta ſon
quartier à Bautzen, & Mr. de Lehwald ſe

porta fur Kœnigsbruck, à un mille de Meiffen. En attendant, fa majefté répondit au Sr. Villiers, qu'elle avoit fait venir le comte Podewils auprès de fa perfonne, pour faciliter tout ce qui pourroit contribuer à la paix ; qu'elle fe flattoit que le roi de Pologne voudroit bien également nommer un de fes miniftres, pour qu'on pût mettre la dernière main à cet ouvrage falutaire, & que les préliminaires fignés mettroient fin aux hoftilités ; que pour l'article des fourrages & des contributions dont on devoit indemnifer, le roi pourroit évaluer également les dégâts que les troupes Saxonnes avoient faits en Siléfie, mais que le plus fûr feroit de rayer entiérement cet article. Le roi ajouta qu'il efpéroit que les miniftres de Ruffie & de Hollande voudroient bien fe rendre les garans de ce traité de paix, & fe plaignit du départ du roi de Pologne comme d'une démarche peu amiable, injurieufe à fa façon de penfer, & de mauvais augure pour la négociation entamée. De * * * avoit conduit fon maître à Prague, pour l'obféder plus librement & l'empêcher de voir les malheurs de la guerre & d'entendre la voix de fa patrie gémiffante ; il vouloit le maintenir par le fecours des Autrichiens dans la difpofition où il étoit de continuer la guerre. C'eft ainfi que de * * * facrifioit tout aux intérêts de la reine de Hongrie.

Le roi vit bien qu'il ne falloit déformais négocier qu'à la faveur des victoires. Il étoit temps de reprendre avec ardeur les opérations de la campagne. La Luface étoit conquife ; tout alloit dépendre des entreprifes que l'armée du prince d'Anhalt pourroit exécuter. Il y avoit huit jours que le roi n'avoit reçu de lettres de ce prince. Cette incertitude l'embarraffoit d'autant plus, qu'il n'y avoit pas un moment à perdre pour être à portée d'agir de concert. Le pont de Meiffen étoit de la dernière importance ; il falloit s'en faifir avant que l'ennemi penfât à le ruiner ; mais Mr. de Lehwald ne pouvoit s'emparer de la ville, fituée fur la rive gauche de l'Elbe, qu'à l'aide du prince d'Anhalt. Faute de nouvelles, le roi fupputa les jours de marche de ce prince, & calcula qu'il pourroit arriver à Meiffen le 8 ou le 9 de décembre au plus tard. Lehwald s'y rendit vers ce temps-là ; le prince d'Anhalt n'arriva point : la rivière, qui charioit des glaces, empêcha Mr. de Lehwald d'y conftruire un pont avec des pontons ; tous ces incidens retardèrent cette expédition.

Le Sr. de Villiers, qui étoit à Prague, expédia un courier au roi, dont les dépêches portoient, que le roi de Pologne n'enverroit aucun miniftre avec des pleins-pouvoirs ; que bien loin delà il attendoit de nombreux fe-

cours de ſes alliés, avec leſquels il ſe ven-
geroit dans l'électorat de Brandebourg des dégâts qu'il prétendoit que les Pruſſiens avoient
faits en Saxe ; qu'il avoit penſé devoir quitter
Dresde, s'attendant à être moins ménagé encore dans une guerre ouverte, qu'il ne l'avoit
été dans les écrits qui l'avoient précédée. On voit
qu'il s'agit bien plus du comte de * * * dans ce
dernier article, que du roi même. Le roi répondit en ſubſtance au Sr. Villiers : Qu'il admiroit
la hauteur & l'inflexibilité du roi de Pologne ;
que ſans avoir d'animoſité contre ce prince,
il étoit impoſſible de nourrir une armée de
80,000 hommes dans un pays, ſans lui faire
éprouver des calamités ; que ſi les ennemis
avoient eu la fortune propice, comme elle leur
étoit contraire, ils n'auroient pas uſé d'autant
de modération dans le Brandebourg, que le roi
en montroit en Saxe ; qu'ils auroient tout pillé,
brûlé, abymé, comme on en avoit eu des exemples en Siléſie : mais que puiſque le roi de
Pologne vouloit la guerre, on la lui feroit plus
vivement que jamais.

Le 9, arrivent des dépêches du prince d'Anhalt, datées de Torgau. Il mandoit qu'il avoit
fait 200 priſonniers dans cette ville, & rejetoit
la lenteur de ſa marche ſur les difficultés d'a-
maſſer des vivres & des chariots ; c'étoient des
prétextes pour excuſer ſes délais ; il employa

neuf jours à faire neuf milles. Sa conduite étoit
d'autant moins excufable, qu'il avoit un magafin
à fa difpofition à Halle, qu'il en avoit pris un
aux ennemis à Leipfick, qu'il n'avoit point d'ennemi devant lui, & que par conféquent il étoit
maître des fourrages, des vivres, des chevaux,
& des livraifons du pays. Sa lenteur ne peut
s'attribuer qu'à fon efprit de contradiction & à
fon âge ; il n'auroit pas été fâché de faire paffer
l'expédition de la Luface pour l'heureufe étour-
derie d'un jeune homme ; il affectoit un air de
circonfpection & de fageffe, qui joint à fa
longue expérience, devoit former un contrafte
avec le feu que le roi mettoit dans fes opérations.
Le prince d'Anhalt ne fut point loué de fa lenteur. Le roi lui écrivit qu'elle étoit très-pré-
judiciable au bien de fon fervice, par la raifon
qu'il avoit donné aux Autrichiens le temps de
fe joindre aux Saxons, & de détruire le pont de
Meiffen ; ce qui rendroit la jonction des deux
armées prefque impoffible ; il lui enjoignit d'ufer
de diligence pour s'approcher le plus promptement qu'il pourroit. Le prince promit dans fa
réponfe, qu'il feroit le 12 de décembre à Meiffen.
Sur cela, tous les quartiers furent raffemblés.
Le roi ne laiffa que 4 bataillons & quelques
houfards à Zittau, 1 bataillon à Gœrlitz & 2
à Bautzen. Ces troupes fe joignirent le 13 à
Camentz, à l'exception de Mr. de Lehwald,

qui étoit déjà vis-à-vis de Meiffen ; le prince
d'Anhalt y arriva le 12 ; mais la garnifon Saxonne
s'en étoit fauvée par une poterne, & avoit re-
gagné le gros de l'armée. Pendant que l'infanterie du prince entroit dans Meiffen, les
cavaliers, qui avoient un chemin creux à traverfer, ne le paffoient qu'un à un. Les deux
derniers régimens, favoir, les dragons de Rœhl
& de Holftein, mirent pied à terre pour attendre leur tour ; Sibilsky s'en apperçut ; il fe gliffa
avec fes Saxons dans un bois épais, d'où il
fondit à l'improvifte fur les dragons Pruffiens,
leur enleva 2 paires de timbales, 3 étendards
& 180 hommes ; d'autres efcadrons montèrent
à cheval & rechaffèrent l'ennemi ; mais l'affront
étoit reçu & le remède vint trop tard. Il en coûta
la vie au général Rœhl, qui étoit malade, &
qui fuivoit la colonne en carroffe. Il faut convenir que le froid étoit exceffif, que la cavalerie avoit été douze heures à cheval ; mais on
pécha en paffant un bois que l'on n'avoit pas fait
reconnoître d'avance. Les moindres fautes à la
guerre font punies, car l'ennemi ne pardonne
pas.

Le 12, fut employé à réparer le pont de
l'Elbe, & le 13, le général Lehwald fe joignit
au prince d'Anhalt. C'étoit ce pont de Meiffen,
pour lequel on craignoit tant, que les Saxons
auroient dû détruire. Mais le miniftère Saxon,

qui dominoit les généraux, ne comprenoit pas
qu'un pont peut contribuer à la perte d'un pays ;
ce pont étoit en partie de pierres de taille, il avoit
coûté 150,000 écus à conftruire ; on ne voulut
jamais confentir qu'il fût démoli. Le confeil étoit
compofé d'un mêlange de pédans & de parvenus.
Henecke, qui étoit à leur tête, élevé par la
fortune, de l'état de valet-de-pied au grade de
miniftre, joignoit au talent d'un financier, l'art de
fouler méthodiquement les fujets. Son économie fourniffoit aux prodigalités du roi comme
aux diffipations de fon favori ; avec ce crédit,
il gouvernoit la Saxe en fubalterne fous le comte
de *** ; de lui émanoient les ordres à l'armée,
il en dirigeoit les opérations, & c'eft à fon
incapacité qu'il faut attribuer les fautes groffières des généraux Saxons dans cette campagne
d'hiver.

L'armée du roi arriva le 14 à Kœnigsbruck,
& à force d'aiguillonner le prince d'Anhalt, il
s'avança le même jour à Neuftadt, où les troupes furent obligées de camper malgré le froid
perçant qu'il faifoit alors. Le prince de Lorraine étoit arrivé le 13 de décembre avec fon
armée auprès de Dresde. Henecke, qui régloit
tout, étendit fi fort les quartiers des Autrichiens, qu'il leur auroit fallu vingt-quatre heures
pour fe raffembler. Le prince de Lorraine fit
des repréfentations convenables pour qu'on

changeât cette difpofition ; mais Henecke ,
accoutumé à donner la loi aux fermiers & aux
traitans , n'en tint aucun compte. Le prince de
Lorraine , qui prévoyoit que le comte Rutowsky alloit être attaqué , le pria de l'avertir à
temps s'il avoit befoin de lui , parce qu'il lui
falloit du temps pour raffembler fes troupes
difperfées ; mais le comte répondit qu'il n'avoit.
pas befoin de fecours , qu'il étoit affez fort dans
le pofte qu'il occupoit , & que jamais les Pruffiens n'auroient l'audace de l'attaquer. Depuis
la bataille de Fontenoy , que le comte de Saxe
avoit gagnée par la fupériorité de fon artillerie ,
on vit beaucoup de généraux fuivre cette méthode. La difpofition des Autrichiens à la bataille
de Sofr en devoit être une copie , & le pofte
que le comte Rutowsky avoit à Keffelsdorf ,
étoit de même modelé fur celui de Fontenoy.
La différence du comte de Saxe à fes imitateurs ,
mit de la différence dans leurs fuccès. Cependant les deux armées Pruffiennes fe mirent en
marche ; celle du prince d'Anhalt pour s'approcher des ennemis , & celle du roi pour paffer
l'Elbe à Meiffen. Le roi fit entrer 14 bataillons
dans cette ville ; le refte de l'infanterie & de la
cavalerie étoit cantonné à la rive droite de l'Elbe,
de forte qu'au befoin , en raffemblant fes troupes , le roi pouvoit fecourir le prince d'Anhalt ,
& en cas que les Autrichiens euffent paffé l'Elbe

à Drefde, le roi leur faifoit tête de ce côté.

Il reçut en arrivant à Meiffen une lettre de Mr. de Villiers, qui lui apprenoit que le délabrement extrême des affaires d'Augufte III, & la néceffité où il étoit réduit, l'avoient enfin déterminé à donner les mains à un accommodement; que Saul, le mercure du comte de * * * , alloit partir pour Dresde avec des inftructions & des pleins-pouvoirs pour les miniftres, afin qu'ils puffent travailler avec les miniftres Prufliens au rétabliffement de la paix; que la reine de Hongrie vouloit y accéder aufli, moyennant quelques adouciffemens à la convention de Hanovre; que lui, Villiers, fe rendroit au plutôt à Drefde, pour intervenir entre les parties, au cas qu'il en fût befoin, & rendre leur réconciliation plus facile. Le roi avoit à peine achevé de lire cette lettre, qu'on vint l'avertir que du côté de Dresde, toute l'atmofphère paroiffoit embrafée, & qu'on entendoit le bruit d'une canonnade terrible. Le roi fe douta bien que le prince d'Anhalt étoit engagé avec les ennemis. Incontinent la cavalerie eut ordre de feller, l'infanterie de fe mettre fous les armes, & le roi courut avec une centaine de houfards fur le chemin de Dresde; il envoya de petits partis de tous côtés; l'un d'eux lui amena fix fuyards du corps de Sibilsky, qui affurèrent que les Saxons étoient battus : ce qui fit ajouter

foi à leurs difcours, c'eft qu'on ne vit paroître
aucun Pruffien, & cela feroit arrivé fi les affaires
étoient allées mal. Mais la nuit qui furvint,
obligea le roi à retourner à Meiffen, pour ne
pas s'expofer à quelque affront, fatisfait d'avoir
des probabilités de la victoire du prince. Si
la fortune n'avoit pas fecondé le prince d'Anhalt, le roi avoit réfolu de raffembler fes troupes
fur les hauteurs de Meiffen, pour aller au devant des troupes battues, de mettre celles-ci
en feconde ligne, fon armée dans la première,
d'attaquer de nouveau les ennemis, & de les
vaincre à quelque prix que ce fût. Le prince
d'Anhalt lui épargna cette peine : le foir même,
un officier de cette armée arriva, & rendit
compte au roi des circonftances fuivantes de
cette glorieufe bataille. Le prince d'Anhalt avoit
décampé le 15 de grand matin, & avoit pris
par Wilsdruf le droit chemin de Dresde. Ayant
paffé Wilsdruf, les houfards donnèrent fur un
gros d'ulans, qu'ils poufsèrent devant eux jufqu'à Keffelsdorf, où ils apperçurent toute l'armée Saxonne rangée en ordre de bataille ; ils
en avertirent incontinent le prince d'Anhalt.
Un profond ravin, dont en certains endroits
le fond étoit marécageux, couvroit le front des
eunemis : fa grande profondeur eft du côté de
l'Elbe ; il va toujours en s'applaniffant vers
Keffelsdorf, & fe perd entiérement au-delà vers

la forêt du Tarrant. Les Saxons avoient ap‑
puyé leur gauche à Keſſelsdorf ; le terrein y
étoit, comme je l'ai dit, entiérement uni ; ce
village étoit défendu par tous les grenadiers.
de leur armée & par le régiment de Rutowsky ;
une batterie de 24 pièces de gros canon en
rendoit l'abord meurtrier. Le corps de Grune.
étoit à l'aile droite de cette armée, qui s'ap‑
puyoit à Benerich, proche de l'Elbe. Ce lieu
étoit inattaquable, à cauſe des rochers & des
précipices qui en interdiſent l'abord. Avant la
bataille, la cavalerie Saxonne étoit à la gauche
de Keſſelsdorf, rangée en ligne avec le reſte
de l'armée, la gauche vers le Tarrant. On ne
ſait pourquoi le comte Rutowsky la déplaça
& la mit en troiſième ligne derrière ſon infan‑
terie. Lorſque le prince d'Anhalt arriva ſur
les lieux avec la tête de ſon armée, il jugea
d'abord que le ſuccès de cette journée dépen‑
doit de la priſe du village de Keſſelsdorf, &
il fit ſes arrangemens pour l'emporter. Il com‑
mença par former ſes troupes vis‑à‑vis celles
de l'ennemi ; l'infanterie deſtinée pour donner
ſur le village, fut miſe ſur trois lignes, & les
dragons de Bonin formèrent la quatrième. Dès
que ſes troupes furent ainſi diſpoſées, 3 batail‑
lons de grenadiers avec 3 de ſon régiment, atta‑
quèrent le village de front, Mr. de Lehwald
le prit en flanc ; 24 canons chargés de mitraille,

les grenadiers Saxons & le régiment de Rutowsky firent reculer les affaillans. La feconde
attaque ne fut pas plus heureufe ; car le feu
étoit trop violent ; mais le régiment de Rutowsky fortit du village & voulut pourfuivre
les Pruffiens ; il fe mit donc devant fes batteries, qu'il empêchoit de tirer. Le prince d'Anhalt profita de ce moment, & ordonna au colonel Luderitz, qui commandoit les dragons,
de charger ; celui-ci fondit alors avec impétuofité fur les Saxons ; tout ce qui réfifta, fut
paffé au fil de l'épée ; le refte fut pris ; l'infanterie s'empara en même temps du village,
y entra de tous les côté, & prit la batterie qui
avoit rendu ce pofte fi formidable. Le général
Lehwald mit le comble à cette victoire, en
obligeant toutes les troupes qui avoient défendu
le village à mettre les armes bas. Le prince
d'Anhalt profita de ce premier fuccès en habile
capitaine, il gagna auffi-tôt le flanc gauche de
l'ennemi ; la cavalerie de fa droite renverfa d'un
feul choc la cavalerie Saxonne, & la diffipa
de manière qu'elle ne put fe rallier. Tout prit
la fuite avec affez de promptitude pour échapper à des troupes accoutumées à conferver
l'ordre & à ne point fe débander. La gauche
des Pruffiens, fous les ordres du prince Mau-
rice, fe canonna avec l'ennemi, jufqu'à ce que
le village de Keffelsdorf fût emporté ; mais

impatiente alors d'avoir part à la gloire de
cette journée, elle marcha aux Saxons en bra-
vant tous les obftacles ; des rochers à gravir,
des neiges qui rendoient le terrein gliffant, la
difficulté d'affaillir & de forcer les ennemis qui
combattoient pour leurs foyers, tout cela fût
entrepris , & tout céda au courage des vainqueurs. Les Saxons & les Autrichiens furent
chaffés des rochers efcarpés de Benerich. Les
Pruffiens ne purent conferver ni l'ordre des
bataillons ni même des pelotons formés, tant
ces hauteurs qu'ils efcaladoient étoient efcar-
pées ; la cavalerie ennemie les attaqua ainfi difperfés. Il eft certain que fi les Saxons avoient
été valeureux, l'infanterie Pruffienne auroit dû
être taillée en pièces ; mais cette cavalerie attaqua fi mollement & fut fi mal foutenue, qu'après
quelques décharges que les Pruffiens firent fur
elle, elle difparut, & céda le champ de bataille
aux vainqueurs. La cavalerie de la gauche des
Pruffiens n'avoit pu agir pendant tout le combat , à caufe des précipices impraticables qui
la féparoient des ennemis ; le prince d'Anhalt
l'envoya à la pourfuite des fuyards, fur lefquels
Mr. de Gesler fit encore un bon nombre de
prifonniers. Le prince d'Anhalt donna dans
cette action de grandes marques de fon expérience & de fa capacité. Les généraux, les
officiers & les foldats, tous s'y diftinguèrent :

leur fuccès juftifia leur témérité. Du côté des
Saxons, il refta 3,000 morts fur la place ; on fit
prifonniers 215 officiers & 6,500 foldats ; ils
perdirent de plus 5 drapeaux, 3 étendards,
une paire de timbales & 48 canons. Les Pruffiens eurent 41 officiers & 1621 foldats de tués,
& le double de bleffés.

Si nous examinons les fautes commifes des
deux parts dans cette bataille, nous trouvons
premiérement que le comte de Rutowsky n'a-
voit penfé dans fon pofte qu'à la fûreté de fa
droite ; la gauche étoit en l'air, & l'on pouvoit
tourner le village de Keffelsdorf. Si les Pruffiens avoient plus pris par leur droite, le prince
d'Anhalt auroit pu tourner entiérement le village & l'emporter à moins de frais ; mais il ne
faifoit que d'arriver, & n'ayant pas eu le temps
de reconnoître le terrein, cela feul fuffit pour
lui fervir d'excufe. La plus grande faute des
Saxons fut fans doute de fortir du village ; car
ils empêchèrent leur propre canon d'agir contre
les Pruffiens, & c'étoit leur meilleure défenfe.
Une faute non moins confidérable fut que cette
infanterie, poftée de Keffelsdorf à Benerich
n'étoit pas fur la crête des hauteurs, mais en
arrière de plus de cent pas ; de forte qu'ils ne
défendirent pas avec les petites armes le paffage du précipice, & le laiffèrent efcalader,
fe réfervant à tirer lorfque l'ennemi auroit

vaincu la plus grande difficulté. Mais de pareilles remarques peuvent avoir lieu fur la plupart des actions des hommes ; ils font tous des fautes, parce qu'aucun d'eux n'eft parfait ; & fi nous réfumons celles qui fe font cõmmifes dans cette bataille, c'eft pour que la poftérité apprenne à n'en pas faire d'auffi groffières que celles des Saxons.

Le comte Rutowsky & toute fon armée arrivèrent à Dresde en pleine courfe ; ils y trouvèrent le prince de Lorraine occupé à raffembler fes troupes éparfes. Il offrit au comte d'attaquer le lendemain les Pruffiens conjointement avec lui ; mais le Saxon en avoit de refte. Il allégua pour excufe, que fon infanterie étoit prefque détruite, qu'il avoit perdu 10,000 hommes, qu'il manquoit d'armes & de munitions, & que fes foldats n'étoient pas encore revenus de leur terreur : il ajouta que le roi de Pruffe alloit fe joindre au prince d'Anhalt, que Dresde manquoit de provifions de bouche & de munitions de guerre, que pour fauver les débris de Keffelsdorf, il falloit fe fauver à Zeft, village voifin des montagnes qui regardent la Bohème. Ce projet fut exécuté. Les Saxons évacuèrent Dresde, & n'y laiffèrent que des milices ; le 16, ils fe campèrent auprès de Kœnigftein, & renvoyèrent leur cavalerie en Bohème, faute de moyens pour la nourrir plus

long-temps fur le territoire Saxon. L'armée du
roi avança le 16 jufqu'à Wilsdruf, & le 17, fes
troupes formèrent la première ligne, & fe portèrent fur le ruiffeau de Plauen. L'heureux
fuccès de cette expédition fit oublier la lenteur
que le prince d'Anhalt avoit affeétée à fon
début ; la journée de Keffelsdorf avoit jeté un
beau voile fur cette faute. Le roi lui dit les
chofes les plus flatteufes fur la gloire qu'il
s'étoit acquife, & n'omit rien de ce qui pouvoit
cajoler fon amour-propre. Ce prince mena le
roi fur le champ de bataille. L'on fut moins
furpris des difficultés, quoique grandes, que les
troupes avoient eues à furmonter, & du nombre
confidérable des prifonniers, que de voir toute
cette campagne couverte d'habitans de Dresde,
qui venoient tranquillement à la rencontre des
Pruffiens. Lorfque le roi traverfa la Saxe en
1744, le duc de Weiffenfels avoit jeté 10 bataillons dans Dresde ; on y élevoit des batteries, on faifoit des coupures dans les rues, on
mettoit des paliffades par-tout où un pieu pouvoit entrer en terre ; aucun Pruffien n'ofoit
mettre le pied dans cette capitale ; & en 1745,
lorfque le roi entra dans le pays à la tête de
80,000 hommes, que les troupes Saxonnes
venoient d'être battues, les portes de Dresde
reftèrent ouvertes, & les princes cadets de la
famille royale, les miniftres, les confeils fu-

prêmes

prêmes du pays , tout fe rendit à difcrétion.
Telles font les contradictions dont l'efprit
humain eft capable , quand il n'agit pas fyfté-
matiquement, & que ceux qui le gouvernent,
ont une mauvaife dialectique. Il eft vraifem-
blable que la ville étoit dépourvue de provifions , & que des délibérations confufes , & la
confternation qui régnoit parmi les principaux
miniftres du roi de Pologne , cauférent cet
abandon général. Les princes pouvoient fe
fauver , les miniftres également ; il n'y avoit
qu'à faire quatre milles pour gagner la Bô-
hême. Une chofe non moins étonnante , eft
que ces Saxons qui vouloient abandonner
Dresde , y jetèrent 6,000 hommes de leurs
miliciens , dont ils auroient pû fe fervir pour
recompléter leurs troupes. Bientôt le roi fit
occuper le fauxbourg de Dresde. Le commandant fut fommé de fe rendre ; il répondit que
Dresde n'étoit point une place de guerre ; &
les miniftres envoyèrent un mémoire qui devoit tenir lieu d'une efpèce de capitulation.
Le roi en régla les conditions felon fon bon
plaifir. Le 18 , les Pruffiens entrèrent dans la
ville. La milice fut défarmée & fervit à recruter les troupes ; on y prit 415 officiers, & 1500
bleffés de la bataille de Keffelsdorf. Le roi
établit fon quartier à Dresde , avec l'état-major
des deux armées. On divulgua dans le monde

les bruits les plus injurieux au fujet des intentions du roi fur cette capitale. On difoit que
le prince d'Anhalt avoit demandé le pillage de
Dresde pour fon armée, à laquelle le fac de
cette ville avoit été promis pour l'encourager
pendant l'action. Le penchant des hommes à
la crédulité pouvoit feul accréditer de telles
calomnies. Jamais le prince d'Anhalt n'auroit
ofé faire au roi une propofition auffi barbare ;
& d'ailleurs ces fortes de promeffes peuvent
fe faire à des troupes indifciplinées, & non à
des Pruffiens qui ne combattent que pour l'honneur & pour la gloire. Le principe de leurs
fuccés doit s'attribuer uniquement à l'ambition
des officiers comme à l'obéiffance des foldats.

A peine le roi fut-il à Dresde, qu'il rendit
vifite aux enfans du roi, pour calmer leur
crainte & les raffurer entiérement. Il tâcha
d'adoucir leur infortune, en leur faifant rendre
fcrupuleufement tous les honneurs qui leur
étoient dûs ; la garde du château fut même
foumife à leurs ordres. Le roi répondit enfuite
au Sr. Villiers, qu'il avoit été affez étonné
de recevoir des propofitions de paix un jour
de bataille ; que pour abréger les négociations,
il s'étoit rendu lui-même à Dresde ; que la
fortune qui avoit fecondé fa caufe, l'avoit mis
en fituation de reffentir vivement les mauvais
procédés, la duplicité & la perfidie dont le

comte de * * * avoit fait ufage dans toutes fes négociations ; qu'éloigné cependant d'avoir une façon de penfer auffi baffe, il offroit, mais pour la dernière fois, fon amitié au roi de Pologne ; qu'il attendoit que les Srs. de Bulau & de Rex euffent reçu leurs pleins-pouvoirs, pour qu'on pût conclure avec eux fans autre délai ; qu'enfin il ne fe départiroit en rien des engagemens qu'il avoit pris avec le roi d'Angleterre par la convention de Hanovre ; que pour lui, loin d'être aveuglé par la fortune, il ne hauffereit ni ne baifferoit fes prétentions, & qu'ainfi la reine de Hongrie ne devoit pas s'attendre à le faire changer de réfolution : le roi finit en recommandant à Mr. de Villiers de lui rapporter exactement le dernier mot du roi de Pologne, afin que dès ce moment rien ne mît de nouveaux empêchemens à la pacification de l'Allemagne & du nord. Bientôt le roi fit inviter chez lui tous les miniftres Saxons ; il récapitula tout ce qui s'étoit paffé, leur expofa avec vérité fes fentimens & les conditions de paix modérées qu'il offroit à fes ennemis : il fut affez heureux pour les convaincre, que ces conditions étoient telles qu'ils auroient pu les fouhaiter ou les dicter eux-mêmes, & que leur roi n'avoit d'autre parti à prendre que de les figner. On fit auffi des arrangemens pour que les troupes obfervaffent un très-grand ordre. Le roi mit dans fes procédés toute la douceur poffible, afin que ce pays voifin & malheureux ne fe reffentît que légérement des fléaux d'une guerre, dont le peuple étoit innocent. Pour s'accommoder à la coutume, on chanta dans les églifes le *Te Deum*, accompagné d'une triple décharge de l'artillerie de la ville, & le foir on fit repréfenter l'opéra d'*Arminius*. On ne fait mention de ces bagatelles, qu'à caufe des anecdotes auxquelles elles tiennent. Tout jufqu'à l'opéra devenoit entre les mains du comte de * * * un reffort pour gouverner l'efprit de fon maître ; il avoit fait repréfenter la clémence de Titus au fujet de la difgrace de Sulkofsky, & des prétendus crimes que le roi lui pardonna. Arminius fut joué pendant cette dernière guerre ; ce qui devoit faire allufion au fecours qu'Augufte III donnoit à la reine de Hongrie contre les François & les Pruffiens, qu'on accufoit de vouloir tout fubjuguer. Les louanges flatteufes de la poéfie italienne, rehauffées du charme de l'harmonie, & rendues par le gofier flexible des châtrés, perfuadoient au roi de Pologne qu'il étoit l'exemple des princes, & un modèle d'humanité. Les muficiens fupprimèrent un chœur de l'opéra, qu'ils n'ofèrent produire en préfence des Pruffiens, parce que les paroles pouvoient être juftement appliquées après ce qui venoit d'arriver en Saxe ; les voici :

Sulle rovine altrui alzar non penſi il foglio
Colui che al fol' orgoglio riduce ogni virtù.

Les chœurs des opéra d'Augufte valoient les prologues de ceux de Louis XIV.

Pendant qu'on chantoit à Dresde des *Te Deum* & des opéra, Mr. de Villiers, qu'on y attendoit avec impatience, arriva de Prague avec les pleins-pouvoirs & toutes les autorifations néceffaires aux miniftres Saxons pour conclure la paix : il fut fuivi par le comte Fréderic Harrach, qui venoit de la part de l'impératrice-reine pour le même fujet. Lorfque tout fe préparoit à Dresde à pacifier les troubles de l'Allemagne, le roi reçut la réponfe fuivante de Louis XV, à la lettre touchante qu'il lui avoit écrite de Berlin pour lui demander fon affiftance. Cette réponfe avoit été minutée par fes miniftres ; le roi n'avoit prêté que fa main pour la tranfcrire, la voici :

" Monfieur mon frère, votre majefté me con
" firme, dans fa lettre du 15 de novembre,
" ce que je favois déjà de la convention de
" Hanovre du 26 d'août. J'ai dû être furpris
" d'un traité négocié, conclu, figné & ratifié
" avec un prince mon ennemi, fans m'en avoir
" donné la moindre connoiffance. Je ne fuis
" point étonné de vos refus, de vous prêter

S 3

» à des mesures violentes, & à un engagement
» direct & formel contre moi ; mes ennemis
» doivent connoître votre majesté. C’est une
» nouvelle injure d’avoir osé lui faire des pro-
» positions indignes d’elle. Je comptois sur
» votre diversion ; j’en faisois deux puissantes
» en Flandre & en Italie ; j’occupois sur le
» Rhin la plus grosse armée de la reine de
» Hongrie. Mes dépenses, mes efforts ont été
» couronnés des plus grands succès. Votre
» majesté en a fort exposé les suites par le
» traité qu’elle a conclu à mon insu. Si cette
» princesse y avoit soufcrit, toute son armée
» de Bohème se feroit subitement tournée
» contre moi ; ce ne sont pas là des moyens
» de paix. Je n’en ressens pas moins l’horreur
» du péril que vous courez ; rien n’égalera
» l’impatience de vous savoir en sûreté, &
» votre tranquillité fera la mienne. Votre ma-
» jesté est en force & la terreur de nos enne-
» mis , & a emporté sur eux des avantages
» considérables & glorieux ; l’hiver avec cela ,
» qui suspend les opérations militaires, suffit
» seul pour la défendre. Qui est plus capable
» que votre majesté de se donner de bons con-
» seils à elle-même ? Elle n’a qu’à suivre ce
» que lui dictera son esprit, son expérience,
» & par-dessus tout, son honneur. Quant aux
» secours, qui de ma part ne peuvent consister

» qu'en subsides & en diversions, j'ai fait toutes
» celles qui me sont possibles, & je continuerai
» par les moyens qui assurent le mieux le suc-
» cès. J'augmente mes troupes, je ne néglige
» rien, je presse tout ce qui pourra pousser la
» campagne prochaine avec la plus grande
» vigueur. Si votre majesté a des projets ca-
» pables de fortifier mes entreprises, je la prie
» de me les communiquer, & je me concer-
» terai toujours de grand plaisir avec elle, &c ».
D'abord cette lettre paroît douce & polie ;
mais quand on considère les circonstances fâ-
cheuses où se trouvoit le roi de Prusse, & les
différentes négociations avec la France qui
l'avoient précédée, on y remarque un ton
d'ironie d'autant plus déplacé, que l'on n'étoit
pas convenu de remplir par des épigrammes
les engagemens réciproques contractés par le
traité de Versailles. Dépouillons cette lettre
de tout verbiage, & examinons ce qu'elle dit
réellement : » Je suis fort fâché que vous ayez
conclu le traité de Hanovre sans m'en avertir,
car le prince de Lorraine reviendroit en Alsace,
si la reine de Hongrie l'acceptoit. Ne voyez-
vous pas que la guerre d'Italie & de Flandre
que je soutiens, est une diversion que je fais en
votre faveur ? Car je n'ai nul intérêt à la conquête de la Flandre, & l'établissement de mon
gendre Dom Philippe en Italie, me touche peu.

Conti fait fi bien contenir les forces principales de la reine de Hongrie en Allemagne, qu'il a repaffé le Rhin, laiffé faire un empereur à qui l'a voulu ; que Traun a pu détacher Grune pour la Saxe, & pourra le fuivre avec le refte de fes troupes, fi la reine de Hongrie trouve à propos de l'employer contre vous. J'ai fait de grandes chofes cette campagne : on a auffi parlé de vous. Je plains la fituation dangereufe où vous vous êtes mis pour l'amour de moi ; on n'acquiert de la gloire qu'en fe facrifiant pour la France ; témoignez de la conftance, & fouffrez toujours ; imitez l'exemple de mes autres alliés, que j'ai abandonnés à la vérité, mais auxquels j'ai donné l'aumône lorfqu'on les avoit dépouillés de toutes leurs poffeffions. Prenez confeil de votre efprit & de la préfomption avec laquelle vous vous êtes ingéré quelquefois à me donner des avis ; vous aurez fans doute affez d'habileté pour vous tirer d'embarras ; d'ailleurs le froid de l'hiver engourdira vos ennemis, & ils ne pourront vous combattre. Si cependant il vous arrivoit malheur, je vous promets que l'Académie Françoife fera l'oraifon funèbre de votre empire, que vos ennemis auront détruit. Votre nom fera placé dans le Martyrologe, où fe trouve le nom des enthoufiaftes qui fe font perdus pour le fervice de la France & celui des alliés qu'elle a daigné abandonner. Vous voyez que j'ai fait des diverſions ; je vous ai offert juſqu'à un million de livres de ſubſides. Eſpérez beaucoup dans la belle campagne que je ferai l'été prochain, pour laquelle je prépare tout dès à préſent, & comptez que je me concerterai avec vous ſur tous les ſujets où vous voudrez ſuivre aveuglément mes volontés, & vous conformer à tout ce qui s'accorde avec mes intérêts ».

Dès que les négociations de la paix furent aſſez avancées pour être ſûr de leur réuſſite, le roi répondit au roi de France par cette lettre, dont nous rapporterons le contenu, parce que la matière dont il s'agit étoit auſſi importante que délicate. » Monſieur mon frère, après la lettre » que j'avois écrite à votre majeſté en date du » 15 de novembre, je devois m'attendre de ſa » part à des ſecours réels. Je n'entre point dans » les raiſons qu'elle peut avoir d'abandonner » ſes alliés aux caprices de la fortune. Pour » cette fois la valeur ſeule de mes troupes m'a » tiré du pas ſcabreux où je me trouvois. Si le » nombre de mes ennemis m'eût accablé, votre » majeſté ſe feroit contentée de me plaindre, » & j'aurois été ſans reſſources. Comment une » alliance peut-elle ſubſiſter, ſi les parties contractantes ne concourent pas avec une même » ardeur à leur conſervation commune ? Votre » majeſté me dit de me conſeiller moi-même ; je » le fais, puiſqu'elle le juge à propos. La rai-

» fon me dit de mettre promptement fin à une
» guerre qui n'a plus d'objet, depuis que les
» troupés Autrichiennes ne font plus en Alface,
» & depuis la mort de l'empereur. Les batailles
» qu'on donneroit déformais, ne produiroient
» qu'une effufion de fang inutile. La raifon
» m'avertit de penfer à ma propre fûreté, & de
» confidérer le grand armement des Ruffes,
» qui menace le royaume du côté de la Cour-
» lande ; l'armée que Mr. de Traun commande
» fur le Rhin, qui pourroit aifément refluer
» vers la Saxe ; l'inconftance de la fortune ; .&
» enfin que dans la circonftance où je me trouve,
» je ne puis m'attendre à aucun fecours de la
» part de mes alliés. Les Autrichiens & les
» Saxons viennent d'envoyer ici des miniftres
» pour négocier la paix ; je n'ai donc d'autre
» parti à prendre que de la figner. Après m'être
» acquitté ainfi de mon devoir envers l'état que
» je gouverne & envers ma famille , aucun objet
» ne me tiendra plus à cœur que de pouvoir
» me rendre utile aux intérêts de votre majefté.
» Puiffé-je être affez heureux pour fervir d'inf-
» trument à la pacification générale ! Votre
» majefté ne pourra confier fes vues à perfonne
» qui lui foit plus attaché que je ne le fuis, &
» qui travaille avec plus de zèle à rétablir la
» concorde & la bonne intelligence entre les
» puiffances, que ces longs démêlés ont rendues

« ennemies. Je la prie de me conferver fon
« amitié, qui me fera toujours précieufe, &
« d'être perfuadée que je fuis &c ». C'étoit fe
congédier honnêtement, & alléguer des raifons
fi valables, qu'il auroit été impoffible au François d'y répondre.

Cependant les Autrichiens & les Saxons
étoient encore aux environs de Pirna ; il falloit
les éloigner davantage, pour travailler plus tranquillement à la paix. Dans cette vue, Mr. de
Retzow fut détaché avec 5 bataillons & quelque cavalerie du côté de Freyberg ; la jaloufie
qu'il donnoit de ce côté, accéléra la retraite
des alliés en Bohème. Les troupes Saxonnes
faifoient à peine 15,000 hommes. Le roi de
Pologne, privé de fes revenus, n'avoit plus
d'argent pour payer fes troupes ; il ne pouvoit
pas attendre jufqu'au printemps que les Ruffes
fe miffent en mouvement ; il fentoit la nullité
de ce fecours ; enfin la néceffité du moment le
forçoit à confentir à la paix. Sur ces entrefaites, le comte de Harrach arriva à Dresde. Il
fuppofoit que fier de fes fuccès, à l'inftar des
Autrichiens, le roi en rehauffant fes prétentions les rendroit exceffives ; mais bientôt
détrompé de ce préjugé, il remercia même ce
prince de la facilité avec laquelle il fe prêtoit à
cette négociation. Le roi lui répondit que la
caufe de la guerre ayant ceffé par la mort de

Charles VII, il avoit été depuis ce moment dans les mêmes dispositions où il le voyoit aujourd'hui. Mr. de Harrach lâcha quelques propositions sur une entrevue entre le roi & la reine de Hongrie ; elles furent éludées par l'exemple de l'inutilité & des mauvaises suites de semblables entrevues ; mais les louanges de cette princesse adroitement mêlées aux refus, parurent satisfaire le comte. La paix fut signée le 25 de décembre 1745. L'accession de la reine de Hongrie à la convention de Hanovre n'étoit qu'un renouvellement pur & simple de la paix de Breslau. Les Saxons promirent de ne jamais accorder de passage par leur pays aux ennemis du roi, sous quelque prétexte que ce pût être. On convint d'échanger le péage de Furstenberg contre quelques terres de la même valeur. Le roi de Pologne garantit le paiement d'un million de contributions auquel l'électorat s'étoit engagé ; il renonça par le même article à toute indemnisation des frais de la guerre. Le roi promit en revanche de faire cesser les contributions du jour de la signature, & de retirer incessamment ses troupes de la Saxe, à l'exception de Meissen, où étoit l'hôpital prussien ; ce qui lui fut accordé jusqu'à la guérison des blessés.

Ainsi finit cette seconde guerre, qui dura en tout seize mois ; qui se fit de part & d'autre

avec un acharnement extrême ; où les Saxons
découvrirent toute la haine qu'ils avoient contre
la Pruffe , & l'envie que leur infpiroit l'agran-
diffement de cette puiffance voifine ; où les
Autrichiens combattoient pour l'Empire & pour
l'influence dans les affaires de l'Empire , dans
lefquelles ils craignoient que les Ruffes n'en
gagnaffent une trop grande ; où l'on vit la
Pruffe expofée à des dangers imminens , dont
elle triompha par la difcipline & la valeur
héroïque de fes troupes. Cette guerre ne donna
pas lieu à ces grandes révolutions qui changent
la deftinée des empires ; mais elle empêcha que
de pareils bouleverfemens n'arrivaffent alors ,
en obligeant le prince de Lorraine d'abandonner
l'Alface. La mort de Charles VII fut un de ces
événemens qu'on ne fauroit prévoir. Elle dérangea le projet d'arracher pour jamais la dignité
impériale à la nouvelle maifon d'Autriche. Ainfi
en appréciant les chofes à leur jufte valeur ,
on eft obligé de convenir qu'à certains égards ,
cette guerre caufa une effufion de fang inutile ,
& qu'un enchaînement de victoires ne fervit
uniquement qu'à confirmer la Pruffe dans la
poffeffion de la Siléfie. Si nous n'envifageons
cette guerre que relativement à l'accroiffement
ou à l'affoibliffement des puiffances belligérantes,
nous trouvons qu'elle coûta aux Pruffiens huit
millions d'écus , mais qu'à la fignature de la

paix il leur reſtoit pour toute reſſource 150,000
écus pour la continuation de la guerre. Les
Pruſſiens firent dans ces deux campagnes
45,666 priſonniers ſur leurs ennemis : ſavoir,
12,000 hommes à Prague ; 1739 par de petits
partis ; 250 aux affaires de Plomnitz & de Rei-
nertz du général Lehwald ; 7136 à la bataille
de Friedberg ; 3,000 à la priſe de Coſel, &
5,000 en différentes occaſions par le général
Naſſau ; 250 par les houſards de Ziethen, 2,030
à la bataille de Sorr ; 400 par les troupes du
margrave Charles dans la haute Siléſie ; 427 par
les partis de la garniſon de Glatz ; 1342 par
le général de Winterfeld ; 271 par le major
Warneri ; 1392 à Catholiſch-Hennersdorff ;
6,658 à la bataille de Keſſelsdorf, & 3,758 à la
priſe de Dresde. Voici ce que prirent les Autrichiens : le régiment de Creutz à Budweis 1400
hommes ; un bataillon de pionniers à Tabor 700,
& de plus 400 malades de l'armée ; 300 hommes
à la ſortie de Prague ; 300 à Coſel, & 1340 dans
diverſes petites affaires. Somme totale 4440 ;
nombre bien inférieur aux pertes que les Autrichiens avoient faites. La haute Siléſie ſouffrit
le plus de cette guerre, ainſi que quelques parties
de la baſſe, voiſines de la Bohème, comme les
cercles de Hirſchberg, de Striegau & de Landshut. Mais c'étoient de ces maux qu'une bonne
adminiſtration répare facilement. La Bohème &

la Saxe fe reffentirent également du féjour de grandes armées ; cependant rien n'y étoit totalement ruiné. La reine de Hongrie fut obligée d'employer tout fon crédit pour fe procurer des reffources qui la miffent en état de continuer la guerre : elle tiroit à la vérité des fubfides de la nation Angloife ; mais ils n'étoient pas fuffifans pour l'indemnifer des fommes que lui coûtoient les opérations de fes armées en Flandre, fur le Rhin, en Italie, en Bohème & en Saxe. La guerre coûta au roi de Pologne au-delà de 5 millions d'écus. Il paya fes dettes en papiers, en créa de nouveaux ; car le comte de *** poffédoit l'art de ruiner méthodiquement fon maitre.

Le roi de Pruffe donna fes premiers foins au rétabliffement de fon armée ; il la recompléta en grande partie par les prifonniers Autrichiens & Saxons dont il avoit le choix. Les troupes furent ainfi recrutées aux dépens des étrangers ; & il n'en coûta que 7,000 hommes à la patrie pour réparer les pertes que tant de batailles fanglantes avoient occafionnées. Depuis qu'en Europe l'art de la guerre s'eft perfectionné, depuis que la politique a fu établir une certaine balance de pouvoir entre les fouverains, le fort commun des plus grandes entreprifes ne produit que rarement les effets auxquels on devroit s'attendre : des forces égales des deux

côtés, & l'alternative des pertes & des fuccès
font qu'à la fin de la guerre la plus acharnée,
les ennemis fe trouvent chacun à peu près dans
l'état où ils étoient avant de l'entreprendre.
L'épuifement des finances produit enfin la paix,
qui devroit être l'ouvrage de l'humanité & non
de la néceffité. En un mot, fi la confidération
& la réputation des armes méritent qu'on faffe
des efforts pour les obtenir, la Pruffe en les
gagnant, a été récompenfée d'avoir entrepris
cette feconde guerre ; mais voilà tout ce qu'elle
y acquit, & cette fumée encore lui fufcitoit
des envieux.

# TABLE DES MATIÈRES

### DE

## *L'HISTOIRE DE MON TEMPS.*

### TOME II.

### CHAPITRE VII.

*Événemens des années 1743 & 1744, & tout ce qui précéda la guerre des Prussiens.* Page 5

### CHAPITRE VIII.

*Des négociations de l'année 1744, & de tout ce qui précéda la guerre que la Prusse entreprit contre la maison d'Autriche.* 46

### CHAPITRE IX.

*Campagnes d'Italie, en Flandre, sur le Rhin, & enfin celle du Roi.* 69

### CHAPITRE X.

*Les Autrichiens font une invasion dans la haute Silésie & dans le comté de Glatz ; ils sont* repouſſés par le Prince d'Anhalt & le Général Lehwald. Négociations en France. Mort de Charles VII. Intrigues des François en Saxe. Autres négociations avec les François. Négociations avec les Anglois pour la paix : difficulté qu'y met le traité de Varſovie. L'Angleterre promet ſes bons offices. Préparatifs pour la campagne. Le Roi part pour la Siléſie. Le jeune Électeur de Bavière fait en 1745 la paix de Fuſſen avec l'Autriche. 127

CHAPITRE XI.

Campagne d'Italie. Campagne de Flandre. Ce qui ſe paſſa ſur le Rhin. Événemens qui précédèrent les opérations de l'année 1745. 152

CHAPITRE XII.

Bataille de Friedberg. Marche en Bohème ; ce qui s'y paſſa. Bataille de Sorr. Retour des troupes en Siléſie. 174

CHAPITRE XIII.

Révolution d'Écoſſe, qui fait quitter Hanovre au Roi d'Angleterre, & rallentit les négociations de la paix. Deſſein des Autrichiens & des Saxons ſur le Brandebourg découvert. Contradictions dans le conſeil des miniſtres.

Projets de campagne Le Prince d'Anhalt raſſemble ſon armée à Halle. Le Roi part pour la Siléſie. Expédition de la Luſace. Le Prince d'Anhalt marche à Meiſſen. Bataille de Keſſelsdorf. Priſe de Dresde. Négociation & concluſion de la paix.      234